Die Erfindung
von Jack the Ripper

Finsternis, Mysterium und Albtraum

Eine Betrachtung

von

Lutz Spilker

DIE ERFINDUNG VON JACK THE RIPPER – FINSTERNIS, MYSTERIUM UND ALBTRAUM

Bibliografische Information der Deutschen Nationalbibliothek:
Die Deutsche Nationalbibliothek verzeichnet diese Publikation in der Deutschen Nationalbiblio-
grafie; detaillierte bibliografische Daten sind im Internet über http://dnb.dnb.de abrufbar.

Softcover ISBN: 978-3-384-35532-4
Ebook ISBN: 978-3-384-35533-1

© 2024 by Lutz Spilker
https://www.webbstar.de
Druck und Distribution im Auftrag des Autors:
tradition GmbH, An der Strusbek 10, 22926 Ahrensburg, Germany

Die im Buch verwendeten Grafiken entsprechen den
Nutzungsbestimmungen der Creative-Commons-Lizenzen (CC).

Inhalt

**There is no female Mozart,
because there is no female Jack the Ripper.**

*Es gibt keinen weiblichen Mozart,
weil es keinen weiblichen Jack the Ripper gibt.*

Camille Paglia

Camille Anna Paglia (* 2. April 1947 in Endicott, New York) ist eine US-amerikanische Kunst- und Kulturhistorikerin. Paglia ist Professorin für Geistes- und Medienwissenschaft (Humanities and Media Studies) an der University of the Arts in Philadelphia.

Vorwort

Die Legende von ›Jack the Ripper‹

Die Legende von Jack the Ripper (JTR) ist eine der berüchtigtsten und faszinierendsten Geschichten in der Kriminalgeschichte. Seit über einem Jahrhundert hat der Name eine beunruhigende und zugleich mysteriöse Aura um sich entwickelt. Dieser Name allein genügt, um eine düstere Faszination auszulösen, die von Historikern, Kriminologen, Psychologen, und selbst der Popkultur immer wieder neu aufgerollt wird. Doch wie konnte ein Täter, dessen Identität bis heute offiziell ungeklärt ist, eine solche Legende erschaffen? Und warum übt diese Figur noch immer eine so starke Anziehungskraft auf die Menschen aus?

Jack the Ripper ist keine gewöhnliche Mordserie. Seine Morde, die sich im Jahr 1888 in den schmutzigen und überbevölkerten Gassen des Londoner East Ends abspielten, haben tiefgreifende Spuren hinterlassen – nicht nur in der britischen Gesellschaft, sondern auch weltweit. Das Besondere an diesem Fall ist nicht nur die Grausamkeit der Taten selbst, sondern die Art und Weise, wie der Täter mit der Öffentlichkeit und den Medien spielte. In einer Zeit, in der die Presse ihren Einfluss auf die Gesellschaft ausweitete, schuf Jack the Ripper mit seiner anonymen, mysteriösen und grausamen Vorgehensweise eine perfekte Bühne für das Entstehen eines Mythos.

Die Faszination, die Jack the Ripper umgibt, lässt sich auf mehrere Ebenen zurückführen. Zum einen ist da die Brutalität seiner Morde: Er tötete mindestens fünf Frauen auf eine derart verstümmelnde Weise, dass die öffentliche Vorstellungskraft wie elektrisiert war. Es war nicht nur der Mord an sich, sondern das, was nach dem Tod geschah, was diese Verbrechen so erschreckend machte. Die Verstümmelung der Körper erweckte den Eindruck, der Täter sei nicht nur ein gewöhnlicher Mörder, sondern ein Mensch, der durch unbegreifliche Wut oder tiefe psychische Störungen angetrieben wurde. Diese extreme Gewalt löste eine Mischung aus Angst, Ekel und makabrer Neugier aus – eine Kombination, die die Faszination des Verbrechens verstärkte.

Zum anderen war die Anonymität des Täters ein entscheidender Faktor. Die Tatsache, dass Jack the Ripper nie gefasst wurde, hat eine endlose Reihe von Spekulationen und Theorien befeuert. Wer war dieser Mann? War er ein angesehener Bürger, der in der Öffentlichkeit ein makelloses Bild abgab, während er im Dunkeln zu einem Monster wurde? Oder war er ein Fremder, ein Außenseiter, der durch seine isolierte Existenz in der Gesellschaft die Saat für seine Mordserie legte? Diese Unklarheit ermöglichte es, dass Jack the Ripper zu einem Mysterium wurde, das bis heute nach Antworten verlangt. Diese Unwissenheit führte auch dazu, dass sich um seine Person unzählige Theorien und Verschwörungsgeschichten ranken – von der Vorstellung, er sei ein Mitglied des britischen Königshauses, bis hin zu Theorien, die ihn als wahnsinnigen Arzt oder gar als Ausländer identifizieren.

Ein weiterer wichtiger Aspekt ist die Rolle der Medien in diesem Fall. Jack the Ripper war einer der ersten Kriminalfälle, der von der modernen Presse in großem Stil begleitet wurde. Die Zeitungen der damaligen Zeit berichteten detailliert über die Verbrechen, spekulierten über den Täter und schürten damit Ängste und Faszination gleichermaßen. Die Sensationsberichterstattung trug dazu bei, dass Jack the Ripper zu einer Art ›Kultfigur‹ wurde, und auch seine eigene Kommunikation mit der Öffentlichkeit – wie die berühmten Briefe, die er angeblich an die Polizei und die Presse schickte – verstärkte das Gefühl, dass hier ein Mörder agierte, der nicht nur tötete, sondern auch seine eigene Legende bewusst aufbaute.

Die Faszination um Jack the Ripper ist jedoch nicht nur auf die damalige Zeit beschränkt. Auch in den folgenden Jahrzehnten, und sogar heute noch, wird die Figur in Literatur, Film und Fernsehen immer wieder aufgegriffen. Sein Name ist zu einem Synonym für den archetypischen Serienmörder geworden, und die Tatsache, dass seine Identität nie eindeutig geklärt wurde, sorgt dafür, dass das Interesse an seiner Geschichte nicht abreißt. Jedes neue Buch, jeder neue Film und jede neue Theorie, die versucht, das Geheimnis um Jack the Ripper zu lösen, zieht aufs Neue die Aufmerksamkeit auf sich. Dabei ist es weniger die Hoffnung, endlich die Wahrheit zu erfahren, die die Menschen fasziniert, sondern vielmehr der Reiz des ungelösten Mysteriums selbst. Jack the Ripper steht als Symbol für das Dunkle und Unerklärliche in der menschlichen Natur – ein Schatten, der über die Geschichte des Verbrechens hinausgeht.

Abseits der Spekulationen bleibt eine Frage: Warum hat Jack the Ripper diese Art von unsterblicher Berühmtheit erlangt, während andere Serienmörder in Vergessenheit geraten sind? Die Antwort liegt wahrscheinlich darin, dass Jack the Ripper zu einem Spiegelbild seiner Zeit wurde. Die Ängste und sozialen Missstände des viktorianischen Londons, die Klassenunterschiede, die Armut, die Krankheit und das moralische Chaos wurden durch die Figur des Rippers symbolisiert. Er war das Produkt einer düsteren Welt, in der die sozialen Strukturen brüchig und die Lebensumstände oft unerträglich waren. In diesem Umfeld konnte sich eine Gestalt wie Jack the Ripper entfalten – nicht nur als Mörder, sondern als ein Phänomen, das tief in das Bewusstsein der Gesellschaft einsickerte.

Die Legende von Jack the Ripper ist damit mehr als nur die Geschichte eines brutalen Mörders. Sie ist eine Reflexion der Ängste und Unsicherheiten, die in der Gesellschaft seiner Zeit herrschten, und sie bietet einen dunklen Spiegel für die menschliche Faszination mit dem Bösen. Jack the Ripper hat es geschafft, von einer Person zu einer Legende zu werden – eine Legende, die bis heute weiterlebt und uns daran erinnert, wie schmal der Grat zwischen Zivilisation und Barbarei sein kann.

Das viktorianische London

Ein soziales Pulverfass

London zur Zeit der viktorianischen Ära war eine Stadt der Gegensätze. Auf der einen Seite stand die Metropole für den rasanten Fortschritt, den industriellen Aufstieg und den wachsenden Einfluss des britischen Empire. Auf der anderen Seite, verborgen hinter den prächtigen Fassaden und dem Glanz des Reichtums, existierte eine düstere Realität, die den Nährboden für soziale Spannungen, Verbrechen und menschliches Elend bildete. Whitechapel, ein Viertel im Osten der Stadt, stand exemplarisch für diese Abgründe. Es war ein Ort, an dem Armut, Arbeitslosigkeit, Krankheit und Hoffnungslosigkeit Hand in Hand gingen. Genau hier sollte Jack the Ripper seine grausamen Taten verüben – in einem sozialen Klima, das für Verbrechen wie die seinen besonders anfällig war.

Das viktorianische London war eine der größten Städte der Welt und galt als Herz des britischen Weltreichs. Doch hinter dieser äußeren Pracht verbarg sich eine tief gespaltene Gesellschaft. Während die oberen Schichten in Luxus lebten und vom wachsenden Wohlstand profitierten, litten die unteren Klassen unter der Industrialisierung und den damit verbundenen sozialen Umbrüchen. Whitechapel, im East End Londons gelegen, war das Epizentrum dieser sozialen Missstände. Es war ein Viertel der Verlierer, ein Zufluchtsort für Migranten,

Arbeitslose und Menschen, die an den Rand der Gesellschaft gedrängt worden waren.

Die Straßen von Whitechapel waren überbevölkert und eng. In winzigen Wohnungen lebten oft mehrere Familien zusammen, in unhygienischen Verhältnissen, die Krankheiten begünstigten. Typhus, Cholera und Tuberkulose waren allgegenwärtig, und der Tod war ein ständiger Begleiter. Die Lebenserwartung in diesem Teil der Stadt war erschreckend niedrig, und Kindersterblichkeit gehörte zum Alltag. Wer in Whitechapel geboren wurde, hatte kaum Chancen, dem Kreislauf der Armut zu entkommen Die Menschen, die hier lebten, hatten meist einfache Berufe, arbeiteten in den Fabriken, Schlachthöfen oder als Tagelöhner. Frauen fanden oft keinen anderen Ausweg als die Prostitution, um sich und ihre Familien über Wasser zu halten.

Die Industrialisierung hatte London verändert. Sie brachte zwar wirtschaftliches Wachstum, führte aber auch zu einem enormen Anstieg der Bevölkerung. Die Stadt zog Menschen aus allen Teilen des Landes und Europas an – auf der Suche nach Arbeit, einem besseren Leben, oder einfach nur, um dem Elend auf dem Land zu entfliehen. Besonders das East End war ein Schmelztiegel von Kulturen, in dem sich Migranten aus Irland, Osteuropa und Russland niederließen. Viele dieser Menschen kamen als Flüchtlinge oder aus wirtschaftlicher Not und fanden sich in einem unbarmherzigen, von Fremdenfeindlichkeit und Vorurteilen geprägten Umfeld wieder. Diese ethnischen und kulturellen Spannungen verschärften das bereits vorhandene soziale Gefälle.

Whitechapel war somit nicht nur ein Viertel der Armut, sondern auch ein Ort der Ausgrenzung. Die ansässige Bevölkerung und die neu angekommenen Migranten standen in Konkurrenz zueinander, und die sozialen Spannungen entluden sich oft in gewaltsamen Auseinandersetzungen. Gewalt und Kriminalität waren fester Bestandteil des Lebens. In den Gassen, die von engen, verdreckten und schlecht beleuchteten Straßen gesäumt waren, blühte der Alkoholismus, und es gab kaum eine Form des Verbrechens, die hier nicht vorkam. Straßenraub, Einbrüche, Schlägereien und Morde waren an der Tagesordnung. In dieser dunklen und gefährlichen Umgebung agierte Jack the Ripper.

Whitechapel war auch ein Ort der Verzweiflung. Die Menschen, die hier lebten, hatten wenig Hoffnung auf ein besseres Leben. Armut und Arbeitslosigkeit prägten den Alltag, und die soziale Mobilität war nahezu nicht existent. Die geringe Bezahlung und die miserablen Arbeitsbedingungen in den Fabriken und Werkstätten trugen dazu bei, dass viele Menschen unter dem Existenzminimum lebten. Oft reichte der Lohn nicht einmal für die Miete eines winzigen Zimmers in einem der überfüllten Mietshäuser. Obdachlosigkeit war weit verbreitet, und viele Menschen lebten auf der Straße oder in den berüchtigten Armenhäusern, die eher Gefängnissen glichen als Unterkünften für Bedürftige.

Inmitten dieser sozialen Unruhen schien die Polizei machtlos zu sein. Die Kriminalität und die Armut waren so allgegenwärtig, dass die staatlichen Behörden kaum in der Lage waren, die Ordnung aufrechtzuerhalten. Besonders im East End war die Polizeipräsenz schwach, und die Korruption in den unteren Polizeirängen trug dazu bei, dass viele Verbrechen ungeklärt blieben. Die Menschen in Whitechapel hatten kaum Vertrauen in die staatlichen Institutionen. Sie waren auf sich allein gestellt, und die Grenzen zwischen Recht und Unrecht verschwammen oft in einem Überlebenskampf, der durch Entbehrungen und tägliche Gewalt geprägt war.

Es war in diesem gesellschaftlichen Spannungsfeld, dass Jack the Ripper seine Opfer fand. Seine Morde, die vor allem an Prostituierten verübt wurden, spiegelten nicht nur die extreme Gewalt wider, die in den Gassen von Whitechapel alltäglich war, sondern auch die Ausweglosigkeit und Verzweiflung, die diese Frauen in die Prostitution getrieben hatte. Die soziale Schicht, der sie angehörten, war die verletzlichste in einer ohnehin schon verletzlichen Gesellschaft. Für viele Frauen war der Verkauf ihres Körpers der einzige Weg, um dem Hungertod zu entkommen. Doch die Gesellschaft, die diese Frauen in den Abgrund gestoßen hatte, ignorierte ihre Not. Die Öffentlichkeit sah sie als ›wertlos‹ an, als den Bodensatz der Gesellschaft – Menschen, deren Verschwinden kaum bemerkt wurde.

Die Verbrechen von Jack the Ripper warfen ein grelles Licht auf die dunklen Ecken der viktorianischen Gesellschaft. Der mediale Rummel um die Morde entfachte eine Diskussion über die sozialen Missstände in Whitechapel und im gesamten Londoner East End. Plötzlich war die Armut, die so lange ignoriert worden war, ein zentrales Thema, und die Londoner Ober-schicht musste sich mit der dunklen Realität auseinandersetzen, die sie bis dahin verdrängt hatte. Doch trotz der Aufmerksam-keit, die durch die Morde von Jack the Ripper auf das Elend in Whitechapel gelenkt wurde, änderte sich wenig an den grundle-genden Bedingungen. Die Armut, die sozialen Spannungen und die Ungleichheit blieben bestehen.

Whitechapel war das Symbol einer Gesellschaft, die an ihren eigenen Widersprüchen zu zerbrechen drohte. Es war ein Pul-verfass, das jederzeit explodieren konnte, und Jack the Ripper war vielleicht nur ein Ventil, durch das sich die aufgestaute Gewalt und Verzweiflung entlud. Seine Taten waren ein Spie-gelbild der sozialen und wirtschaftlichen Missstände, die im viktorianischen London herrschten. Die Legende von Jack the Ripper ist nicht nur die Geschichte eines einzelnen Serienmör-ders, sondern auch die Geschichte einer Gesellschaft, die unfä-hig war, sich den Problemen ihrer ärmsten und am meisten ausgegrenzten Mitglieder zu stellen.

Einwanderung und soziale Spannungen

Der Einfluss von Migration, speziell der jüdischen Einwanderer, auf das gesellschaftliche Klima

Das London des späten 19. Jahrhunderts war ein Magnet für Menschen aus aller Welt, die in die britische Hauptstadt strömten, um den wirtschaftlichen Verheißungen der Industrialisierung zu folgen oder den harten Bedingungen in ihren Heimatländern zu entkommen. Besonders Whitechapel, ein Arbeiterviertel im East End, wurde zum Zufluchtsort für die Ärmsten der Armen. Unter ihnen befanden sich viele Migranten, die aus Osteuropa flohen, vor allem jüdische Einwanderer, die vor Verfolgung und Pogromen in Russland und Polen Schutz suchten. Doch was für die einen ein Hoffnungsschimmer war, wurde für andere schnell zum Nährboden für Spannungen, Vorurteile und Fremdenfeindlichkeit. Diese Gemengelage trug maßgeblich zu den sozialen Spannungen bei, die das Viertel und die Stadt im Allgemeinen prägten.

Die jüdische Einwanderung in das East End von London hatte eine lange Tradition, doch in den letzten Jahrzehnten des 19. Jahrhunderts erreichte sie ihren Höhepunkt. Tausende von Juden strömten in die Stadt, um den brutalen Bedingungen zu entfliehen, die in ihren Heimatländern herrschten. Viele kamen mittellos an, oft nur mit den Kleidern am Leib und ein paar Habseligkeiten. Sie hatten alles zurückgelassen, um sich und ihre Familien in Sicherheit zu bringen, und fanden sich nun in einem fremden Land wieder, dessen Sprache sie nicht sprachen und dessen Kultur ihnen fremd war.

Whitechapel bot zwar eine erste Zuflucht, aber die Bedingungen waren hart. Die meisten jüdischen Einwanderer ließen sich in überfüllten Mietshäusern nieder, oft in den schlimmsten und unhygienischsten Vierteln. Die Sprachbarriere und der Mangel an Arbeitsplätzen führten dazu, dass viele gezwungen waren, sich in schlecht bezahlten und unsicheren Arbeitsverhältnissen zu verdingen. Handwerkliche Tätigkeiten, die sie aus ihrer Heimat mitbrachten, hatten in London oft keinen Markt, und so mussten viele Juden in der Textil- und Kleidungsindustrie arbeiten, die bekannt war für ihre niedrigen Löhne und unmenschlichen Arbeitsbedingungen. Der Traum von einem besseren Leben wich schnell der bitteren Realität eines prekären Daseins, das oft nicht viel besser war als das, was sie zurückgelassen hatten.

Doch die Schwierigkeiten der jüdischen Einwanderer waren nicht nur wirtschaftlicher Natur. Sie waren auch sozialen Spannungen ausgesetzt, die durch ihre Anwesenheit in einem bereits von Armut und Not geplagten Viertel verstärkt wurden. Viele alteingesessene Londoner sahen die Einwanderer als Konkurrenten um Arbeitsplätze und Wohnraum und begegneten ihnen mit Misstrauen und Ablehnung. Antisemitische Vorurteile, die tief in der Gesellschaft verankert waren, entluden sich in Form von Diskriminierung, Ausgrenzung und Gewalt. Die jüdischen Einwanderer wurden oft für die schlechten Lebensbedingungen verantwortlich gemacht, obwohl sie selbst kaum Einfluss auf die Ursachen der sozialen Not hatten.

In den Augen vieler Einheimischer standen die jüdischen Einwanderer für all das, was in ihrer Gesellschaft schieflief. Sie sahen in ihnen fremde Elemente, die nicht in das bestehende soziale Gefüge passten. Besonders auffällig war dies in der Art und Weise, wie sie in den Medien dargestellt wurden. Die britische Presse bediente sich oft antisemitischer Klischees und schürte damit das Misstrauen und die Feindseligkeit gegenüber der jüdischen Bevölkerung. Jüdische Einwanderer wurden als unzivilisiert, rückständig und kriminell dargestellt, und ihre Religion und Bräuche wurden oft mit Misstrauen betrachtet. Besonders in den unteren Gesellschaftsschichten, die selbst unter den schwierigen Bedingungen des viktorianischen Londons litten, führte dies zu einem Gefühl der Abgrenzung und einer Zunahme der Fremdenfeindlichkeit.

Die Spannungen zwischen den verschiedenen Bevölkerungsgruppen entluden sich regelmäßig in gewalttätigen Ausschreitungen. Besonders in den ärmeren Vierteln Londons, wo die Menschen um die wenigen verfügbaren Ressourcen kämpften, kam es immer wieder zu Konflikten. Die jüdischen Einwanderer, die oft in großer Zahl in bestimmten Straßen und Vierteln lebten, wurden dabei leicht zu Sündenböcken für die Missstände, die das East End prägten. In Zeiten wirtschaftlicher Not wurden sie schnell als Ursache der Probleme ausgemacht, und es kam zu Angriffen und Hetzjagden. Antisemitische Parolen und die Verbreitung von Verschwörungstheorien, die den Juden die Schuld an allem Schlechten gaben, machten es den Einwanderern schwer, ein friedliches Leben zu führen.

Die Ankunft der jüdischen Einwanderer brachte jedoch nicht nur soziale Spannungen mit sich, sondern führte auch zu einem Wandel in der Gesellschaft des East Ends. Viele jüdische Familien organisierten sich in engen Gemeinschaften, in denen sie einander unterstützten und versuchten, ihre Traditionen und religiösen Bräuche aufrechtzuerhalten. Synagogen und jüdische Schulen entstanden, und es entwickelte sich ein lebendiges jüdisches Leben, das trotz der widrigen Umstände bestand hatte. Diese Gemeinschaften boten Schutz und Unterstützung, aber sie verstärkten auch das Gefühl der Isolation von der übrigen Bevölkerung. Die kulturellen Unterschiede und die sichtbare Präsenz des Judentums im Alltag trugen zur Fremdheit und zum Misstrauen der einheimischen Bevölkerung bei.

Ein besonders brisantes Thema war die Verbindung zwischen Kriminalität und Einwanderung. Zwar war der überwiegende Teil der jüdischen Einwanderer bemüht, ein friedliches Leben zu führen, doch die wirtschaftliche Notlage und die mangelnden Möglichkeiten führten dazu, dass einige Menschen in die Kriminalität abglitten. Besonders die jüdischen Gangs, die sich in den engen Gassen von Whitechapel formierten, sorgten für Schlagzeilen und trugen zur Verfestigung des Vorurteils bei, die jüdische Einwanderung sei die Ursache für den Anstieg der Kriminalität im East End. Es handelte sich hierbei um eine klassische Form der Sündenbockpolitik, die die sozialen Spannungen weiter anheizte.

Als Jack the Ripper im Jahr 1888 begann, seine Morde zu begehen, fanden diese inmitten dieses sozialen Pulverfasses statt. Die Morde heizten die ohnehin vorhandenen Spannungen weiter an. Es dauerte nicht lange, bis in der Presse und in der öffentlichen Meinung die Theorie aufkam, dass der Ripper jüdischer Herkunft sein könnte. Besonders nach dem Mord an Catherine Eddowes, bei dem die berüchtigte Inschrift ›Die Juwes are the men that will not be blamed for nothing‹ entdeckt wurde, flammte die antisemitische Stimmung auf. Diese Inschrift, die nahe dem Tatort an einer Mauer gefunden wurde, wurde als Hinweis auf die jüdische Bevölkerung gedeutet und führte zu einem erneuten Anstieg der Vorurteile und des Hasses gegen die jüdische Gemeinschaft in Whitechapel.

Die jüdischen Einwanderer in Whitechapel standen somit in einem doppelten Spannungsfeld. Einerseits kämpften sie mit den alltäglichen Schwierigkeiten, die das Leben in einem überbevölkerten, von Armut und Kriminalität geprägten Viertel mit sich brachte. Andererseits mussten sie sich gegen die Vorurteile und den Hass der einheimischen Bevölkerung zur Wehr setzen, der durch die Medien und die gesellschaftliche Stimmung immer wieder angefacht wurde. Jack the Ripper wurde so nicht nur zum Symbol des Grauens, sondern auch zum Katalysator für die tief sitzenden sozialen Spannungen, die das viktorianische London prägten.

Die jüdische Einwanderung und die damit verbundenen sozialen Spannungen bieten einen wichtigen Hintergrund für das

Verständnis der Ripper-Morde. Sie zeigen, dass die Taten nicht isoliert betrachtet werden können, sondern im Kontext eines komplexen gesellschaftlichen Gefüges stehen, das von Vorurteilen, Ausgrenzung und sozialer Not geprägt war. Die Figur von Jack the Ripper ist untrennbar mit der gesellschaftlichen Realität des East Ends verbunden – einer Realität, die von Migration, Armut und Spannungen zwischen verschiedenen Bevölkerungsgruppen geprägt war.

Die psychische Verfassung

Wahnsinn und Isolation

Ein tieferer Blick in die möglichen psychischen Erkrankungen und den Zustand des Täters

Die Gestalt von Jack the Ripper hat über die Jahrzehnte hinweg unzählige Spekulationen über die psychische Verfassung des Täters hervorgerufen. Wer war dieser Mann, der mit solch kalter Präzision mordete, dessen Taten eine so bestialische Natur offenbarten und dessen Spuren dennoch so spärlich blieben? Um das Wesen des Rippers zu erfassen, ist es notwendig, einen tiefen Blick in die mögliche Psyche des Täters zu werfen. Wahnsinn und Isolation scheinen zentrale Bestandteile dieses Charakters zu sein, der London in Angst und Schrecken versetzte. Es ist ein Versuch, das Chaos und die Dunkelheit zu verstehen, die hinter den abscheulichen Verbrechen steckten.

Das Bild, das sich von Jack the Ripper als Mörder gezeichnet hat, ist geprägt von unvorstellbarer Grausamkeit. Die Art und Weise, wie er seine Opfer behandelte, zeigt eine offensichtliche Entfremdung von jeder Art menschlicher Empathie. Doch der Wahnsinn, der in seinen Taten sichtbar wird, war vermutlich kein plötzlich auftretender Zustand. Vielmehr lässt sich vermuten, dass der Ripper über Jahre hinweg in einen Zustand der Isolation und geistigen Zerrüttung geriet, der ihn letztlich in die Mordserie trieb. Isolation – sowohl sozial als auch emotional – war wahrscheinlich ein zentrales Element, das den Täter immer weiter von der Gesellschaft entfernte und in die dunklen Abgründe seiner Psyche führte.

Die Annahme, dass Jack the Ripper an einer schweren psychischen Störung litt, wird von vielen Experten unterstützt. Eine mögliche Diagnose, die immer wieder in den Raum gestellt wird, ist die der paranoiden Schizophrenie. Diese Krankheit ist oft gekennzeichnet durch Wahnvorstellungen, Stimmen im Kopf, die den Betroffenen zu bestimmten Handlungen drängen, und ein starkes Gefühl der Verfolgung. Wenn man die Kälte und Berechnung der Ripper-Morde betrachtet, könnte man annehmen, dass der Täter möglicherweise an solchen Wahnvorstellungen litt und seine Handlungen durch einen verzerrten Realitätsbezug motiviert waren.

Es ist vorstellbar, dass der Ripper in seiner eigenen Welt lebte, einer Welt, in der er seine Opfer nicht als Menschen wahrnahm, sondern als Objekte, die es zu zerstören galt. Seine Taten könnten das Ergebnis eines tiefen inneren Drangs gewesen sein, die Kontrolle über sein Umfeld wiederzuerlangen, eine Art unheilvolle Bestätigung seines eigenen Machtgefühls. Die psychische Erkrankung könnte ihn dazu gebracht haben, sich von seiner Umwelt zu entfremden, während seine wachsende Isolation ihn immer weiter in eine Parallelwelt der Gewalt und Zerstörung trieb. In diesem Sinne wären seine Morde nicht nur Akte der Grausamkeit, sondern Ausdruck eines tief gestörten Geisteszustandes, der in der Gewalt einen Ausweg aus der inneren Zerrissenheit suchte.

Ein weiteres psychologisches Profil, das in Betracht gezogen werden kann, ist das eines Narzissten mit stark antisozialen Persönlichkeitszügen. Narzissten sind oft von einem Gefühl der Großartigkeit und Einzigartigkeit getrieben, das jedoch tief in Selbstzweifel und Unsicherheit verankert ist. In einer Umgebung wie dem ärmlichen Whitechapel, in dem der Täter vermutlich lebte, könnte der Wunsch nach Bedeutung und Kontrolle über die eigene Welt durch die völlige Ausweglosigkeit seiner sozialen Umstände verstärkt worden sein. In einem Leben ohne Erfolg oder soziale Anerkennung könnte der Ripper versucht haben, sich eine ›Karriere‹ aufzubauen, indem er seine Morde als symbolische Akte der Macht inszenierte – eine groteske Form der Selbstbestätigung. Die Tatsache, dass er die Polizei narrte, ihr Botschaften hinterließ und niemals gefasst wurde, könnte ihn in seinem Gefühl bestärkt haben, etwas Außergewöhnliches zu sein, auch wenn dieser Stolz tief im Verborgenen bleiben musste.

Die Verbindung von Wahnsinn und Isolation wird in der Figur des Jack the Ripper besonders deutlich, wenn man den Täter in den sozialen Kontext seiner Zeit einordnet. Als Migrant – wenn man der Theorie folgt, dass der Ripper nicht in England geboren wurde – sah er sich wahrscheinlich von einer Gesellschaft umgeben, die ihn ablehnte oder als Außenseiter betrachtete. Besonders in den unteren sozialen Schichten war der Konkurrenzdruck immens, und jeder, der nicht in die vorherrschenden sozialen oder kulturellen Normen passte, wurde schnell zum Sündenbock gemacht. Dieser soziale Druck, gepaart mit der allgegenwärtigen Armut und der Hoffnungslosigkeit des viktorianischen Londons, könnte den Täter in die Isolation gedrängt haben.

Psychisch labile Menschen, die sich in einem Zustand permanenter Zurückweisung befinden, neigen oft dazu, extreme Verhaltensweisen zu entwickeln, um mit der Ablehnung umzugehen. Für Jack the Ripper könnte dies bedeutet haben, dass er seine Isolation durch die Taten kompensierte. In seiner völligen Trennung von der Gesellschaft könnte die Gewalt zu einem Ventil geworden sein, um den inneren Druck zu entladen. Es war die einzige Möglichkeit, die Kontrolle zurückzugewinnen, eine Form von Bestätigung und Bedeutung zu schaffen – wenn auch auf eine zutiefst destruktive Weise.

Ein weiteres Indiz für die psychische Zerrüttung des Rippers ist die Art und Weise, wie er seine Taten ausführte. Seine Opfer – Frauen aus den ärmsten Schichten, die oft bereits vom Leben gezeichnet waren – wurden nicht nur getötet, sondern verstümmelt. Der sadistische Aspekt der Morde deutet darauf hin, dass der Täter nicht nur das Leben seiner Opfer auslöschen wollte, sondern auch ihre Identität. Es war, als ob er ihre Menschlichkeit ausradieren wollte, was möglicherweise auf ein tief sitzendes Misstrauen oder sogar einen Hass gegenüber der weiblichen Figur hinweist. Einige Psychologen spekulieren, dass der Ripper in seiner Kindheit oder Jugend traumatische Erfahrungen gemacht haben könnte, die sich in einem verzerrten und destruktiven Verhältnis zu Frauen äußerten.

Die extreme Gewalt, die in den Morden zum Ausdruck kommt, deutet auch darauf hin, dass der Täter in einem Zustand ständiger innerer Aufruhr lebte. Es scheint, als ob die Taten für den Ripper nicht nur Akte des Mordens waren, sondern Rituale, durch die er seinen inneren Schmerz und seine Zerrissenheit auslebte. Jeder Mord war ein Schritt tiefer in den Wahnsinn, ein Versuch, die Kontrolle über das eigene Leben zurückzugewinnen, das von sozialen und psychischen Zwängen geprägt war. Diese Art der Ritualisierung von Gewalt deutet darauf hin, dass der Ripper nicht in der Lage war, sich von seinen inneren Dämonen zu befreien. Vielmehr verschlimmerte jede Tat seinen Zustand, bis er in einen Teufelskreis der Gewalt geriet, aus dem es kein Entkommen mehr gab.

Auch wenn wir nie mit Sicherheit wissen werden, welche psychische Störung den Täter antrieb, lässt sich dennoch erkennen, dass Wahnsinn und Isolation in seinem Leben eine zentrale Rolle spielten. Die psychischen und sozialen Umstände, die Jack the Ripper formten, führten zu einem verzweifelten Streben nach Bedeutung und Kontrolle, das sich in den grauenvollen Morden entlud. Die Taten waren der Ausdruck eines tief gestörten Geistes, der den Bezug zur Realität verloren hatte und sich in einem Strudel aus Wahnsinn, Gewalt und Einsamkeit immer weiter entfernte.

Diese psychische Verfassung des Täters zeigt, dass Jack the Ripper weit mehr war als nur ein brutaler Mörder. Er war ein Produkt seiner Zeit, seiner Isolation und seines inneren Zerfalls. Das Bild des Wahnsinns und der Isolation, das wir durch die Taten erahnen können, offenbart eine verstörende Dimension seines Charakters, die bis heute fasziniert und zugleich erschreckt.

Macht und Kontrolle

Das Motiv hinter den Morden

Analyse der möglichen Motive, insbesondere Macht und Kontrolle, als zentrale Triebkräfte

Die Morde von Jack the Ripper gehören nicht nur zu den brutalsten Verbrechen der viktorianischen Ära, sondern auch zu den rätselhaftesten. Während die Identität des Täters bis heute ein Mysterium bleibt, wird oft über seine Beweggründe spekuliert. Was trieb diesen Mann dazu, fünf Frauen auf solch grausame Weise zu ermorden? Eine tiefere Analyse der Verbrechen lässt darauf schließen, dass Macht und Kontrolle zentrale Motive hinter den Morden waren – nicht nur in physischer Hinsicht, sondern auch auf psychologischer und sozialer Ebene.

Jack the Ripper war kein gewöhnlicher Mörder. Seine Taten trugen eine Handschrift der Gewalt, die über das bloße Töten hinausging. Seine Opfer wurden nicht nur ermordet, sondern regelrecht verstümmelt. Diese Form der Zerstörung deutet darauf hin, dass der Ripper weit mehr als nur den Tod seiner Opfer wollte; er strebte danach, absolute Kontrolle über ihre Körper auszuüben. Die grausamen Verstümmelungen nach dem Tod der Frauen waren vermutlich Ausdruck dieses Machtgefühls. Durch das Zerschneiden und Entstellen ihrer Körper manifestierte der Täter seinen Willen und seine Dominanz über das Leben und den Tod – und damit auch über die gesamte Gesellschaft, die ihn umgab.

Macht und Kontrolle spielten wahrscheinlich auch auf einer tieferliegenden, psychologischen Ebene eine entscheidende Rolle. Jack the Ripper, so lässt sich spekulieren, könnte sich in seinem alltäglichen Leben machtlos gefühlt haben. Als Angehöriger der unteren sozialen Schichten, möglicherweise sogar als Migrant, war er Teil einer Gruppe, die in der viktorianischen Gesellschaft wenig Einfluss hatte. Die sozioökonomischen Bedingungen in den Elendsvierteln Londons – insbesondere in Whitechapel – waren verheerend. Arbeitslosigkeit, Armut und Gewalt bestimmten das Leben vieler Menschen, und die Kluft zwischen den sozialen Schichten war unüberbrückbar. In einem solchen Kontext könnte der Ripper sich ohnmächtig gefühlt haben, gefangen in einem Leben, das von Entbehrung und Ungerechtigkeit geprägt war. Diese Ohnmacht könnte ihn in eine verzweifelte Suche nach Macht getrieben haben – und die Morde wurden zu einem schrecklichen Mittel, um sich diese Macht zu verschaffen.

Die Opferwahl des Rippers unterstützt diese Theorie. Er suchte sich Frauen aus den unteren Schichten der Gesellschaft aus, die oft am Rande des Existenzminimums lebten und sich durch Prostitution über Wasser hielten. Diese Frauen waren sozial stigmatisiert, verarmt und verwundbar. Für Jack the Ripper könnten sie Symbole der gesellschaftlichen Ohnmacht gewesen sein, die er selbst empfand. Indem er sie tötete, übte er Kontrolle über diejenigen aus, die wie er selbst wenig Kontrolle über ihr Leben hatten. Auf diese Weise konnte der Ripper nicht nur über das Leben seiner Opfer herrschen, sondern auch die Machtlosigkeit seines eigenen Daseins in eine Form von Kontrolle und Dominanz umwandeln.

Ein weiterer Aspekt der Kontrolle, der sich in den Morden zeigt, ist die systematische Art und Weise, wie der Täter vorging. Jack the Ripper wählte seine Opfer sorgfältig aus und führte seine Verbrechen in relativ kurzen Zeitabständen durch. Die Präzision, mit der er tötete und Verstümmelungen durchführte, weist auf einen gewissen Grad an Planung und methodischem Vorgehen hin. Dies deutet darauf hin, dass der Ripper nicht von plötzlichen, impulsiven Mordgelüsten getrieben wurde, sondern dass die Kontrolle über den Ablauf seiner Taten ein zentrales Element seiner Motivation war. Die Tatsache, dass er niemals gefasst wurde, verstärkte wahrscheinlich sein Gefühl von Macht und Überlegenheit. In einer Stadt, die von Angst und Unruhe erfüllt war, war Jack the Ripper der unsichtbare Puppenspieler, der die Fäden in der Hand hielt und die Behörden und die Öffentlichkeit narrte.

Die Manipulation der Polizei und der Medien zeigt eine weitere Dimension des Machtspiels, das Jack the Ripper führte. Indem er die Behörden immer wieder überlistete und durch seine kryptischen Briefe herausforderte, inszenierte er sich als überlegenes Wesen, das außerhalb der Kontrolle der staatlichen Institutionen agierte. Dieser Aspekt der Taten lässt vermuten, dass der Ripper in den Verbrechen nicht nur eine persönliche, sondern auch eine soziale Macht sah. Er wurde zu einer Art

Mythos, einer unsichtbaren Bedrohung, die die Ordnung einer ganzen Stadt untergrub. Während die Polizei im Dunkeln tappte, genoss er offenbar den Nervenkitzel, unerkannt zu bleiben, und konnte sich in einer Welt, in der er möglicherweise immer wieder marginalisiert wurde, als unantastbar inszenieren.

Ein weiteres wichtiges Element, das die Morde von Jack the Ripper prägte, war das Verhältnis zwischen Geschlecht und Macht. In der patriarchalen Gesellschaft des viktorianischen Londons waren Frauen häufig das Ziel von Unterdrückung und Ausbeutung. Die Tatsache, dass der Ripper ausschließlich Frauen tötete – und dabei auf besonders brutale Weise vorging – könnte auf ein tief sitzendes Bedürfnis hindeuten, die weibliche Figur zu kontrollieren und zu dominieren. Seine Gewaltakte könnten Ausdruck eines unterdrückten Hasses oder einer verzerrten Sexualität gewesen sein. Möglicherweise sah der Ripper in den Frauen, die er tötete, eine Verkörperung jener sozialen Machtlosigkeit, die ihn selbst quälte. Indem er ihre Körper verstümmelte, machte er sie zu Objekten seiner Macht – und damit auch zu einem Teil seiner eigenen Selbstdefinition.

Es ist auch möglich, dass die Morde eine Art Ventil für den inneren Druck des Täters darstellten. In einem Leben voller Frustration und Ohnmacht könnte das Ausüben von Kontrolle über andere die einzige Möglichkeit gewesen sein, um ein Gefühl von Macht und Befriedigung zu erlangen. Jack the Ripper könnte die Taten nicht nur als Befreiung von inneren Konflikten empfunden haben, sondern auch als eine Art ›Werk‹, durch das er sich selbst definierte. Die sadistische Freude, die er möglicherweise aus der Verstümmelung seiner Opfer zog, könnte auf eine tiefe innere Zerrissenheit hinweisen, in der Gewalt und Kontrolle seine einzigen Mittel waren, um die eigene Existenz zu bestätigen.

Die Vorstellung, dass Macht und Kontrolle die treibenden Kräfte hinter den Morden waren, eröffnet eine düstere Perspektive auf die Psyche des Täters. Jack the Ripper war nicht nur ein Mörder; er war ein Individuum, das in einer Gesellschaft lebte, die ihm wenig Raum zur Selbstverwirklichung bot. Seine Taten waren wahrscheinlich Ausdruck eines tiefen inneren Drangs, die Kontrolle über sein Leben und die Welt um ihn herum zu erlangen. Doch anstatt diese Kontrolle auf gesunde Weise zu suchen, verfiel der Ripper in eine destruktive Spirale, in der Macht über andere durch Gewalt und Zerstörung ausgeübt wurde.

Die Verbindung von Macht und Kontrolle in den Morden von Jack the Ripper lässt erkennen, dass seine Verbrechen nicht nur ein Akt der Gewalt waren, sondern auch ein komplexes Spiel der Dominanz, das sich sowohl auf seine Opfer als auch auf die Gesellschaft als Ganzes erstreckte. Der Ripper war ein Täter, der in einer Welt der Unterdrückung und Ohnmacht lebte – und in seinen Taten fand er die einzige Form von Macht, die ihm zugänglich war. Durch das Töten und Verstümmeln seiner Opfer stellte er nicht nur seine physische Überlegenheit unter Beweis, sondern versuchte, das Chaos seines eigenen Lebens zu ordnen, indem er das Leben anderer auf so grausame Weise beendete.

Dieses Streben nach Macht und Kontrolle bleibt eines der schockierendsten und faszinierendsten Elemente des Ripper-Mythos. Es zeigt, wie tief der menschliche Geist in Abgründe der Gewalt und Manipulation stürzen kann, wenn er von Frustration, Wut und Ohnmacht getrieben wird. Jack the Ripper schuf sich durch seine Taten eine Welt, in der er die uneingeschränkte Kontrolle hatte – und damit nicht nur die Ordnung Londons, sondern auch das Bild des Serienmörders für immer veränderte.

Die Opfer

Ein detaillierter Blick auf die Opfer und ihre Lebensumstände

Im Mittelpunkt der grausamen Morde von Jack the Ripper stehen nicht nur der Täter und seine monströsen Taten, sondern auch die Frauen, die sein Leben und seine Verbrechen für immer geprägt haben. Diese Frauen, die zu Opfern einer Serie von Gewaltakten wurden, kamen aus den unteren sozialen Schichten Londons, insbesondere aus dem Viertel Whitechapel. Sie waren nicht nur Namen in Polizeiberichten, sondern lebendige Menschen mit Geschichten, Hoffnungen und Kämpfen, die ein Spiegelbild der erbärmlichen sozialen Verhältnisse jener Zeit darstellten. In diesem Kapitel geht es darum, ihre Lebensumstände zu beleuchten und sie aus der Anonymität der Kriminalgeschichte hervorzuholen.

Whitechapel, das Zentrum der Morde, war ein dicht besiedeltes und elendes Viertel im Osten Londons. Es war geprägt von Armut, Überbevölkerung, Krankheiten und Gewalt. Viele Bewohner dieses Viertels lebten am Rande des Existenzminimums, ohne Aussicht auf gesellschaftlichen Aufstieg oder eine bessere Zukunft. Es war ein Schmelztiegel der sozialen und ethnischen Spannungen, in dem Kriminalität und Not allgegenwärtig waren. Die Frauen, die Jack the Ripper ermordete, hatten in vielerlei Hinsicht die Schattenseiten dieser Gesellschaft verkörpert – sie waren arm, sozial isoliert und meist auf sich allein gestellt. Ihr Leben war hart, entbehrungsreich und oft von der Notwendigkeit geprägt, sich durch Prostitution den Lebensunterhalt zu sichern.

Mary Ann Nichols, auch bekannt als *Polly*, war das erste bekannte Opfer des Rippers. Wie viele andere Frauen in Whitechapel war sie auf der Suche nach Unterkunft und Nahrung, was sie in die Prostitution trieb. Sie wurde am 31. August 1888 ermordet aufgefunden – ihr Körper war brutal verstümmelt. Mary Ann Nichols hatte fünf Kinder und war von ihrem Ehemann getrennt. Ihre Lebensgeschichte war eine Abfolge von Rückschlägen, Armut und schließlich sozialem Abstieg. Ihre letzten Tage verbrachte sie in einer der vielen Billigunterkünfte Whitechapels, die oft das letzte Refugium für die Ärmsten der Gesellschaft waren. Es scheint, dass sie durch ihren ständigen Kampf ums Überleben in eine ausweglose Lage geraten war, die sie letztlich zu einem leichten Ziel für den Mörder machte.

Annie Chapman, das zweite Opfer, wurde am 8. September 1888 ermordet. Sie lebte ebenfalls ein tragisches Leben, gezeichnet von Armut und persönlichen Schicksalsschlägen. Chapman war eine Frau mittleren Alters, die ebenfalls durch die Umstände der Armut gezwungen war, ihren Lebensunterhalt durch Gelegenheitsprostitution zu verdienen. Vor ihrem gewaltsamen Tod kämpfte sie mit gesundheitlichen Problemen und Alkoholismus, was ihr Leben zusätzlich erschwerte. Wie viele Frauen in ihrer Lage war sie sozial isoliert, ohne Familie oder Unterstützung. Der gewaltsame Tod von Annie Chapman offenbarte die tiefe Verwundbarkeit dieser Frauen, die nicht nur durch die Gefahren ihrer Umgebung, sondern auch durch ihre Lebensumstände schutzlos waren.

Das dritte bekannte Opfer, **Elizabeth Stride**, wurde am 30. September 1888 gefunden. Stride, eine schwedische Einwanderin, hatte ein wechselvolles Leben geführt. Im Gegensatz zu den anderen Opfern scheint es, dass sie zum Zeitpunkt ihres Todes keine unmittelbare Verbindung zur Prostitution hatte, was sie zu einem ungewöhnlichen Opfer in dieser Mordserie macht. Ihr Leben war ebenfalls von Armut und sozialer Ausgrenzung geprägt. Stride lebte allein und bewegte sich in denselben Kreisen wie die anderen Opfer, was sie letztlich zu einer Zielscheibe für Jack the Ripper machte. Ihr Tod hebt hervor, dass die Opfer des Rippers nicht nur Frauen waren, die durch Prostitution verwundbar waren, sondern dass ihre prekäre soziale Lage sie in die Gefahrenzone brachte.

Catherine Eddowes, die ebenfalls am 30. September 1888 ermordet wurde – nur wenige Stunden nach Elizabeth Stride – war das vierte Opfer. Eddowes' Leben spiegelt die tragischen Muster wider, die sich in den Biografien der anderen Opfer wiederholen: Armut, Alkoholismus und eine prekäre Lebenssituation. Sie war die Mutter mehrerer Kinder und lebte in einer instabilen Beziehung. Ihr Tod markiert eine der brutalsten Episoden der Mordserie, da ihr Körper auf grausame Weise verstümmelt wurde. Auch sie war, wie die anderen Frauen, gezwungen, sich auf den Straßen von Whitechapel durchzuschlagen – ein Leben, das von ständiger Unsicherheit und Gefahr geprägt war.

Das fünfte und letzte offiziell anerkannte Opfer, **Mary Jane Kelly**, wurde am 9. November 1888 getötet. Ihr Fall unterscheidet sich in einigen wesentlichen Punkten von den anderen Opfern. Kelly war deutlich jünger als die anderen Frauen, und es wird vermutet, dass sie über einen gewissen Charme und eine vergleichsweise bessere soziale Position verfügte, obwohl sie ebenfalls in Whitechapel lebte und sich durch Prostitution über Wasser hielt. Ihr Mord war der brutalste und verstörendste der gesamten Serie. Ihr Körper wurde regelrecht zerstückelt, was viele dazu veranlasst hat, ihren Tod als den Höhepunkt der Gewalt des Rippers zu sehen. Kellys Ermordung markierte das Ende der Mordserie, und sie bleibt bis heute eines der rätselhaftesten Opfer in diesem Fall.

Die Gemeinsamkeiten der Opfer sind erschreckend: Sie alle waren Frauen, die am Rande der Gesellschaft lebten und wenig Schutz vor der brutalen Realität ihrer Umgebung hatten. Sie waren arm, sozial ausgegrenzt und oft allein. Viele von ihnen kämpften mit Alkoholismus, gesundheitlichen Problemen und einem ständigen Mangel an Stabilität in ihrem Leben. Diese Frauen befanden sich in einer Situation, in der sie ständig Gefahren ausgesetzt waren – nicht nur durch den Ripper, sondern auch durch die harschen Bedingungen, unter denen sie lebten. Ihre Geschichten sind ein Spiegelbild der systematischen Vernachlässigung und der sozialen Ungerechtigkeit, die im viktorianischen London herrschten.

Während die Identität des Mörders nie endgültig geklärt wurde, zeigt die Analyse der Opfer ein klares Muster: Der Ripper zielte auf Frauen ab, die als sozial verwundbar galten. Sie wurden nicht nur Opfer eines brutalen Täters, sondern auch Opfer einer Gesellschaft, die es versäumt hatte, ihre Schwächsten zu schützen. Ihre Morde werfen ein grelles Licht auf die Verhältnisse, die in den ärmeren Vierteln Londons herrschten, und auf die Gleichgültigkeit, mit der diese Menschen behandelt wurden.

Die Frage, wer diese Frauen waren, geht also weit über ihre Rollen als Opfer hinaus. Sie waren Menschen mit eigenen Geschichten, die trotz aller Widrigkeiten versuchten, in einer feindlichen Umgebung zu überleben. Ihre tragischen Schicksale sind eng mit den sozialen Verhältnissen und der Gewalt, die das viktorianische London prägten, verbunden. In der Betrachtung ihrer Leben wird deutlich, dass Jack the Ripper nicht nur ein Täter war, der körperliche Gewalt ausübte, sondern auch ein Symbol für die Machtstrukturen und Ungleichheiten, die das Leben dieser Frauen bestimmten.

Ihre Morde sind untrennbar mit den Umständen verbunden, unter denen sie lebten, und ihre Geschichten sollten uns daran erinnern, dass sie nicht nur Opfer eines einzelnen Mannes, sondern auch eines sozialen Systems waren, das sie im Stich ließ. Die Opfer von Jack the Ripper waren nicht bloß Namen in der Kriminalgeschichte – sie waren Frauen, die mit den harten Realitäten des Lebens in Whitechapel kämpften und deren Leben ein schreckliches Ende nahm.

Die Ermittlungen

Einblicke in die Polizeiarbeit, Fehler und Versäumnisse

Die Mordserie, die Jack the Ripper im Jahr 1888 in Whitechapel entfachte, hat nicht nur durch ihre Grausamkeit Entsetzen ausgelöst, sondern auch durch das offenkundige Versagen der Polizeibehörden, den Täter zu fassen. Die Untersuchungen der Metropolitan Police und der City of London Police, die den Fall gemeinsam bearbeiteten, gelten bis heute als eine der umstrittensten und am meisten kritisierten Ermittlungen in der Kriminalgeschichte. Die Frage, warum es den Behörden nicht gelang, den Mörder zu identifizieren und vor Gericht zu bringen, steht im Zentrum jeder ernsthaften Auseinandersetzung mit dem Fall.

Die Ermittlungen begannen unmittelbar nach dem Auffinden der ersten Leiche, Mary Ann Nichols, am 31. August 1888. Der Fall sorgte für erheblichen Aufruhr, da die grausame Art und Weise, in der das Opfer verstümmelt worden war, die schlimmsten Befürchtungen der Öffentlichkeit bestätigte: Ein Serienmörder war am Werk. Was folgte, war eine Reihe von Morden, die innerhalb weniger Monate Whitechapel in Angst und Schrecken versetzten und die Polizei vor eine beispiellose Herausforderung stellten. Trotz der wachsenden Zahl an Opfern und der wachsenden Panik unter den Anwohnern war die Polizei jedoch weitgehend machtlos.

Die Komplexität des Falles resultierte aus mehreren Faktoren. Zum einen war die Kommunikation und Koordination zwischen den beiden Polizeibehörden, der Metropolitan Police und der City of London Police, problematisch. Whitechapel lag in der Zuständigkeit der Metropolitan Police, während einige der Morde – wie jener von Catherine Eddowes – auf dem Gebiet der City of London verübt wurden. Dies führte zu einer unzureichenden Zusammenarbeit und einem ständigen Tauziehen zwischen den Ermittlern beider Behörden. Wertvolle Hinweise gingen verloren oder wurden nicht geteilt, und es entstand ein ineffizientes und unkoordiniertes Vorgehen, das den Ermittlungen erheblich schadete.

Ein weiterer Grund für das Scheitern der Ermittlungen lag in den sozialen und politischen Umständen der Zeit. Whitechapel war ein Elendsviertel, das unter den Auswirkungen von Überbevölkerung, Armut und sozialem Zerfall litt. Die Polizei war in diesen Vierteln weitgehend überfordert und nicht gut angesehen. Die Bewohner begegneten den Behörden oft mit Misstrauen, was dazu führte, dass die Polizei nur begrenzt Zugang zu Informationen hatte, die für die Aufklärung der Morde von entscheidender Bedeutung hätten sein können. Zudem war die Kriminalitätsrate in den Armenvierteln bereits hoch, und viele Verbrechen wurden nie gemeldet oder blieben ungeahndet. Das erschwerte es der Polizei zusätzlich, das Ausmaß der Mordserie richtig zu erfassen und in den sozialen Strukturen des Viertels wirksame Ermittlungsansätze zu finden.

Die Techniken der Kriminalistik steckten zu dieser Zeit noch in den Kinderschuhen. Fingerabdrücke wurden erst Jahre später als Methode der Beweissicherung entwickelt, und forensische Analysen, wie wir sie heute kennen, waren schlichtweg nicht vorhanden. So war die Polizei bei ihrer Arbeit auf Zeugenaussagen, rudimentäre Tatortuntersuchungen und die Analyse der wenigen vorhandenen Beweise angewiesen. Doch gerade diese Zeugenaussagen erwiesen sich oft als unzuverlässig. Whitechapel war ein Labyrinth aus engen Gassen, in denen die Sicht schlecht und die Anonymität groß war. Viele Zeugen waren durch die schlechten Lichtverhältnisse oder durch den Nebel Londons in ihrer Wahrnehmung beeinträchtigt. Darüber hinaus waren viele potenzielle Zeugen in der Bevölkerung selbst von Angst und Panik ergriffen, was die Glaubwürdigkeit und die Genauigkeit ihrer Aussagen in Frage stellte.

Ein weiterer entscheidender Punkt, der das Versagen der Ermittlungen erklärt, war die enorme öffentliche Aufmerksamkeit, die die Morde auf sich zogen. Die Zeitungen berichteten sensationell über jeden Mord und übertrafen sich in der Darstellung der schockierenden Details. Dies führte zu einem medialen Druck auf die Polizei, schnell Ergebnisse zu liefern – ein Druck, der mit der tatsächlichen Fähigkeit der Ermittler, Fortschritte zu machen, in krassem Widerspruch stand. Die Ermittlungen wurden dadurch unnötig belastet, und die Öffentlichkeit erwartete rasche Lösungen, während die Polizei mit jeder neuen Leiche verzweifelter nach Anhaltspunkten suchte.

Inmitten dieses Chaos war die Polizei auch mit einer Flut von falschen Spuren und irreführenden Hinweisen konfrontiert. Unzählige Briefe, die behaupteten, vom Mörder selbst zu stammen, trafen bei den Behörden ein. Der berühmteste dieser Briefe, bekannt als der ›Dear Boss‹-Brief, war ein solcher Fall. Obwohl dieser Brief die erste Erwähnung des Namens ›Jack the Ripper‹ enthielt, glauben viele Historiker heute, dass er von einem Journalisten gefälscht wurde, um die Sensation noch weiter anzuheizen. Die Behörden verbrachten wertvolle Zeit und Ressourcen damit, solchen falschen Hinweisen nachzugehen, was sie von den eigentlichen Ermittlungen ablenkte und die Jagd auf den Mörder weiter verzögerte.

Ein weiterer schwerwiegender Fehler der Behörden war die mangelnde Berücksichtigung der sozialen und psychologischen Aspekte des Täters. Zu dieser Zeit war die Vorstellung, dass ein Serienmörder psychisch krank oder pathologisch getrieben sein könnte, noch nicht tief in der Kriminalistik verwurzelt. Stattdessen konzentrierten sich die Ermittler auf die Idee, dass der Mörder ein gewöhnlicher Verbrecher sei, der aus ökonomischer Not heraus oder aus Hass auf bestimmte soziale Gruppen handelte. Dadurch wurde ein Großteil der Ermittlungen in falsche Richtungen gelenkt, und das eigentliche Motiv des Mörders – Macht und Kontrolle – wurde lange Zeit nicht richtig erkannt.

Das wohl eklatanteste Beispiel für das Versagen der Ermittlungen ist die Episode um das Goulston-Street-Graffito. Nachdem Catherine Eddowes ermordet wurde, fand die Polizei in der Nähe des Tatorts an einer Wand einen Schriftzug: ›The Juwes are the men that will not be blamed for nothing.‹ Die Polizei löschte diesen Schriftzug jedoch, bevor er gründlich untersucht werden konnte, aus Angst, dass er zu antijüdischen Ausschreitungen führen könnte. Dieser Schritt vernichtete einen potenziellen wichtigen Beweis und verdeutlicht das Spannungsfeld, in dem die Polizei agierte: Sie war nicht nur mit der Aufklärung der Morde beschäftigt, sondern musste auch politische und gesellschaftliche Auswirkungen berücksichtigen.

In der Rückschau bleibt die Frage, ob die Polizei den Mörder jemals hätte fassen können. Die technischen und strukturellen Mängel der damaligen Ermittlungsarbeit, die unzureichende Ausbildung der Ermittler im Umgang mit Serienverbrechen und die soziale Dynamik in Whitechapel erschwerten die Untersuchungen erheblich. Doch trotz aller Widrigkeiten war es vor allem das Missmanagement, das dazu führte, dass Jack the Ripper niemals gefasst wurde. Fehler in der Kommunikation, die Vernachlässigung relevanter Spuren und das Ignorieren sozialer und psychologischer Faktoren machten es dem Mörder leicht, seiner Verhaftung zu entgehen.

Das Versagen der Ermittlungen war kein Einzelfall, sondern symptomatisch für die damalige Polizeiarbeit. Doch im Fall von Jack the Ripper wurde es in einer Weise sichtbar, die weit über die Grenzen Whitechapels hinaus wirkte. Es bleibt eine bittere Erkenntnis: Die Opfer wurden nicht nur von einem brutalen Mörder getötet, sondern auch von einem System im Stich gelassen, das nicht in der Lage war, sie zu schützen.

Der Medienzirkus

Die Rolle der Presse

Wie die Medien die Figur von Jack the Ripper erst zur Legende machten

Die Morde von Jack the Ripper, die London im Jahr 1888 in Atem hielten, wären vielleicht nicht zur internationalen Legende geworden, wenn nicht die Presse einen wesentlichen Anteil daran gehabt hätte. In einer Zeit, in der Sensationsjournalismus zu einem neuen Höhepunkt aufstieg und Zeitungen immer mehr zu einem Massenmedium wurden, schufen die Medien das Bild eines Mörders, der nicht nur durch seine Taten, sondern vor allem durch seine mediale Inszenierung zu einem Mythos wurde. Es war die Presse, die Jack the Ripper zum Symbol für das Böse und zu einer der bekanntesten Figuren der Kriminalgeschichte erhob.

Die Londoner Zeitungen jener Zeit standen in einem harten Wettbewerb zueinander. Die Arbeiterklasse, die in Whitechapel und anderen Armenvierteln Londons lebte, wurde zu einer neuen und lukrativen Leserschaft. Diese Bevölkerungsschicht verlangte nach Unterhaltung und Aufregung, und die Morde von Jack the Ripper boten genau das. Die brutalen Verbrechen in den Gassen eines heruntergekommenen Viertels waren eine perfekte Vorlage für Sensationsgeschichten, die sich verkauften. Besonders die Boulevardzeitungen nutzten die Gelegenheit, um jeden blutigen Mordfall mit reißerischen Überschriften und schockierenden Details auszuschlachten.

Jack the Ripper, wie er von den Medien genannt wurde, war in vielerlei Hinsicht das erste moderne Monster, das nicht nur durch seine Taten, sondern durch die Medien erschaffen wurde. Bereits die Bezeichnung ›Ripper‹ weckte sofort Vorstellungen von Grausamkeit und unvorstellbarem Horror. Der Name selbst wurde durch einen Brief bekannt, der als ›Dear Boss‹-Schreiben in die Geschichte einging. Dieser Brief, der bei der Polizei einging und angeblich vom Mörder selbst verfasst worden war, enthielt erstmals die Signatur ›Jack the Ripper‹. Ob dieser Brief tatsächlich vom Täter stammte oder ob er von einem Journalisten geschrieben wurde, bleibt umstritten. Dennoch machte die Presse diesen Namen berühmt, und er wurde zur Personifizierung des Horrors.

Die Medien spielten mit den Ängsten der Bevölkerung, indem sie jeden Mordfall bis ins kleinste Detail schilderten und dabei oft übertrieben oder spekulative Informationen verbreiteten. Jede blutige Beschreibung der Verstümmelungen, jedes Detail über die Lebensumstände der Opfer wurde in den Zeitungen ausgeschlachtet. Die Zeitungen waren voll von Skizzen der Tatorte, Interviews mit vermeintlichen Zeugen und Kommentaren von sogenannten Experten, die Theorien über den Täter aufstellten. Diese mediale Flut an Informationen machte Jack the Ripper zu einer greifbaren, aber gleichzeitig mysteriösen Figur. Die Angst und das Grauen, das von ihm ausging, wurden durch die wiederholte Berichterstattung stetig geschürt.

Die Presse schuf jedoch nicht nur ein Bild des Rippers, sondern prägte auch die Wahrnehmung der Opfer. Die Frauen, die dem Mörder zum Opfer fielen, wurden oft auf ihre Rolle als Prostituierte reduziert. Zeitungen stellten sie nicht als Individuen mit eigenen Schicksalen dar, sondern als gesichtslose Figuren, die in einem Milieu lebten, das den Mord an ihnen fast als zwangsläufig erscheinen ließ. Die Herabwürdigung der Opfer durch die Medien trug dazu bei, dass die Morde in gewisser Weise normalisiert wurden. Die Gesellschaft konnte auf diese Weise ihre Distanz zu den Opfern wahren, und die Medien bedienten dieses Bedürfnis nach Abgrenzung von den Armen und Ausgestoßenen.

Besonders die ›Penny Dreadfuls‹, die preiswerten Sensationshefte, trugen zur Legendenbildung bei. Diese Hefte, die für nur einen Penny verkauft wurden, richteten sich an ein breites Publikum und spezialisierten sich auf schaurige und oft übertriebene Geschichten. Jack the Ripper wurde hier schnell zur zentralen Figur. Die Fiktionalisierung seines Charakters begann schon während der Mordserie, und es entstanden erste Erzählungen, in denen der Mörder fast schon übermenschliche Züge annahm. Diese Hefte mischten Fakten und Fiktion in einer Weise, die es schwer machte, die Realität von der Fantasie zu unterscheiden. So entstand ein Bild von Jack the Ripper, das mit jeder neuen Geschichte weiter von der tatsächlichen Person hinter den Morden entfernt wurde.

Ein wesentlicher Faktor, der die Rolle der Medien verstärkte, war die Tatsache, dass die Polizei bei den Ermittlungen kaum Fortschritte machte. Die Unsicherheit darüber, wer der Mörder war, ließ Raum für Spekulationen, die von den Zeitungen nur allzu gerne aufgegriffen wurden. Theorien über die Identität des Täters wurden in den Zeitungen weit verbreitet. War er ein Arzt, ein Schlachter, ein Mitglied der Oberschicht oder sogar ein Ausländer? Jede neue Theorie, so absurd sie auch sein mochte, wurde in den Zeitungen diskutiert und verbreitet. Besonders die Vorstellung, dass Jack the Ripper aus der gebildeten Oberschicht stammen könnte, faszinierte die Menschen. In einer zutiefst klassengesellschaftlichen Welt wie dem viktorianischen London war die Vorstellung, dass ein hochrangiger Bürger zu solch abscheulichen Taten fähig sein könnte, sowohl erschreckend als auch fesselnd.

Doch die Rolle der Presse ging über reine Berichterstattung hinaus. Die Medien beeinflussten auch die Ermittlungen. Die ständige mediale Aufmerksamkeit setzte die Polizei unter enormen Druck. Die Behörden standen nicht nur vor der Herausforderung, einen Serienmörder zu fassen, sondern auch vor der ständigen Kritik der Öffentlichkeit, die durch die Zeitungen angeheizt wurde. Jeder Fehltritt der Polizei wurde in der Presse ausgeschlachtet, und die Ermittler mussten sich nicht nur dem Täter, sondern auch den öffentlichen Erwartungen stellen. Der Fall wurde zu einer Art Spektakel, in dem die Polizei ebenso eine Rolle spielte wie der Mörder selbst.

Mit jedem Mord wuchs die mediale Präsenz des Rippers, und die Grenzen zwischen Realität und Inszenierung verschwammen immer mehr. Jack the Ripper wurde zu einem Archetypus des Serienmörders – und diese Rolle wurde maßgeblich durch die Presse geprägt. Zeitungen verkauften sich nicht nur durch die blutigen Details, sondern auch durch die Schaffung eines Narrativs, in dem Jack the Ripper als ein Meister des Schreckens dargestellt wurde. Er war nicht nur ein Mörder, sondern ein Phantom, das sich den Fängen der Polizei immer wieder entzog, ein Symbol für das Böse, das sich in den Schatten Londons versteckte.

Die Erschaffung der Legende von Jack the Ripper durch die Medien war kein zufälliger Prozess, sondern das Ergebnis einer bewusst inszenierten Berichterstattung. Die Presse spielte mit der Faszination des Grauens, indem sie einen Mythos um den Mörder webte, der bis heute nachwirkt. Ohne die Rolle der Medien wäre Jack the Ripper vielleicht als ein weiterer ungelöster Mordfall in die Geschichte eingegangen. Doch durch die ständige mediale Aufmerksamkeit und die Sensationsgier der Zeitungen wurde er zu einer Figur, die weit über die tatsächlichen Taten hinaus Bedeutung erlangte.

Bis heute bleibt Jack the Ripper eine der faszinierendsten und gleichzeitig verstörendsten Gestalten der Kriminalgeschichte – ein Phänomen, das weitgehend auf die Macht der Medien zurückzuführen ist. Die Presse war es, die ihn unsterblich machte, und die ihm eine Bedeutung verlieh, die sich tief in das kollektive Bewusstsein eingebrannt hat.

Das Graffito von Goulston Street

Antisemitismus und Rassismus

Analyse der Rolle, die Antisemitismus in den Ermittlungen spielte

In den frühen Morgenstunden des 30. September 1888, nachdem der grausame Mord an Catherine Eddowes in der Mitre Square begangen worden war, entdeckte die Polizei einen entscheidenden Hinweis in der Goulston Street – ein Stück blutbefleckten Stoffs, das vom Kleid des Opfers stammte. Doch es war nicht nur dieser Lappen, der die Ermittler aufhorchen ließ. Über diesem Tuch, auf einer Mauer in unmittelbarer Nähe, befand sich eine mysteriöse Botschaft, die bis heute zu den umstrittensten und meistdiskutierten Aspekten der Ripper-Ermittlungen gehört. Die Inschrift lautete:

›**The Juwes are the men that will not be blamed for nothing.**‹

Die Interpretation dieser Worte und ihre mögliche Bedeutung haben die Untersuchungen maßgeblich geprägt, nicht zuletzt, weil sie in einem angespannten sozialen Klima erschienen, in dem Antisemitismus und Rassismus tief in die Strukturen des viktorianischen London eingebettet waren. Whitechapel, das Viertel, in dem die Morde stattfanden, war ein Schmelztiegel verschiedener Kulturen und Heimat einer wachsenden jüdischen Gemeinde. Diese soziale und ethnische Zusammensetzung führte in vielen Teilen der Stadt zu Vorurteilen und

Spannungen. In diesem Zusammenhang bot das Graffito in der Goulston Street Anlass zu wilden Spekulationen über die Herkunft und Motive des Täters und beeinflusste die Ermittlungen in einer Weise, die nicht zu unterschätzen ist.

Die jüdische Gemeinschaft in Whitechapel war in der zweiten Hälfte des 19. Jahrhunderts durch massive Zuwanderung aus Osteuropa und insbesondere aus Russland stark angewachsen. Viele dieser jüdischen Migranten waren vor Pogromen und Verfolgung in ihrer Heimat geflohen und hatten in den ärmeren Stadtteilen Londons Zuflucht gesucht. Die bereits überfüllten Viertel, geprägt von Arbeitslosigkeit und Armut, waren jedoch keine Zufluchtsorte im herkömmlichen Sinne. Die jüdische Bevölkerung, die oft als billige Arbeitskraft und Konkurrenz für die ansässigen Arbeiter betrachtet wurde, sah sich in London einer Welle von Ressentiments und Feindseligkeiten ausgesetzt.

Die britische Arbeiterklasse, die selbst mit wirtschaftlichen Unsicherheiten zu kämpfen hatte, sah in den jüdischen Einwanderern oft einen Sündenbock für die prekären Arbeitsverhältnisse. In diesem feindseligen Klima war der Antisemitismus weit verbreitet, sowohl unter der Arbeiterklasse als auch in den höheren Gesellschaftsschichten. Jüdische Händler und Handwerker wurden häufig mit Vorurteilen und Anfeindungen konfrontiert, die auf tief verwurzelten rassistischen und religiösen Ressentiments basierten. Auch die Presse trug ihren Teil dazu bei, indem sie antisemitische Stereotypen verbreitete, die das Bild des ›kriminellen Juden‹ verfestigten.

In dieses gesellschaftliche Spannungsfeld platzierte sich das Graffito von Goulston Street. Die Tatsache, dass es unmittelbar nach dem Mord an Catherine Eddowes in einem überwiegend jüdischen Viertel gefunden wurde, ließ sofort Spekulationen aufkommen, dass der Mörder ein jüdischer Mann sein könnte oder dass die Inschrift gezielt dazu diente, die jüdische Gemeinde zu belasten. Diese Idee wurde durch das mysteriöse Wort ›Juwes‹ verstärkt, das als Verfälschung von ›Jews‹ interpretiert wurde und zusätzlich Verwirrung stiftete.

Für die Ermittler stellte sich eine schwierige Frage: Sollte man dieses Graffito als relevanten Hinweis betrachten, oder handelte es sich lediglich um eine Ablenkung oder gar um eine zufällige Schmiererei, die nichts mit den Morden zu tun hatte? Die Entscheidung, das Graffito zu entfernen, fiel schließlich auf Druck der höheren Polizeibehörden, die befürchteten, dass eine Veröffentlichung der Inschrift zu massiven antisemitischen Ausschreitungen führen könnte. Die Londoner Polizei, angeführt von Sir Charles Warren, ließ die Worte noch vor Sonnenaufgang abwaschen, um zu verhindern, dass die ohnehin angespannte Stimmung im Viertel weiter eskalierte.

Diese vorschnelle Entfernung des Beweismittels hat jedoch bis heute Spekulationen darüber ausgelöst, ob das Graffito tatsächlich eine Schlüsselrolle bei der Aufklärung der Morde hätte spielen können. Einige Forscher argumentieren, dass das Graffito absichtlich vom Mörder hinterlassen wurde, um die jüdische Gemeinde zu belasten und die Ermittlungen in eine falsche Richtung zu lenken. Andere vermuten, dass es lediglich ein zufälliger Ausdruck antisemitischer Ressentiments war, wie sie in vielen Teilen Londons damals üblich waren. Der wahre Hintergrund bleibt ungeklärt, doch die Tatsache, dass es überhaupt in die Ermittlungen einfloss, zeigt, wie tief der Antisemitismus die Denkweise vieler Menschen, einschließlich der Polizei, beeinflusste.

Die Rolle des Antisemitismus in den Ripper-Ermittlungen geht jedoch über das Graffito hinaus. Schon zu Beginn der Mordserie tauchten Gerüchte auf, dass der Täter möglicherweise ein jüdischer Einwanderer sei. Diese Annahme basierte zum Teil auf den beschriebenen Merkmalen des Täters, die von Zeugen geliefert wurden. Mehrere Zeugen beschrieben einen ›fremdländisch‹ aussehenden Mann, der in Begleitung der Opfer gesehen worden war. In einem Viertel, in dem viele osteuropäische Juden lebten, war es nicht überraschend, dass die Vorstellung eines ›fremden‹ Täters schnell an Boden gewann.

Die Polizei, die unter immensem öffentlichen Druck stand, sah sich mit einer wachsenden Stimmung konfrontiert, die nach einem Sündenbock suchte. Die jüdische Gemeinde geriet dabei ins Visier, und es kam immer wieder zu Vorfällen, bei denen unschuldige Juden aufgrund von Verdächtigungen verhaftet oder angegriffen wurden. Besonders der jüdische Metzger Aaron Kosminski wurde als potenzieller Verdächtiger ins Visier genommen. Auch wenn er später aus Mangel an Beweisen entlastet wurde, verdeutlichte die Untersuchung gegen ihn, wie schnell rassistische Vorurteile in die Ermittlungen einflossen.

Diese Konzentration auf die jüdische Gemeinschaft lenkte die Ermittlungen möglicherweise in eine falsche Richtung und erschwerte eine objektive und unvoreingenommene Aufklärung des Falls. Der Antisemitismus, der in der Gesellschaft weit verbreitet war, beeinflusste nicht nur die öffentliche Meinung, sondern auch die Arbeit der Polizei. Die jüdische Gemeinde Londons fand sich zunehmend in einer Verteidigungsposition wieder und musste nicht nur gegen die wirtschaftlichen und sozialen Schwierigkeiten ankämpfen, sondern auch gegen den Ruf, eine kriminelle Bedrohung darzustellen.

Das Graffito von Goulston Street bleibt eines der faszinierendsten und kontroversesten Details der Ripper-Ermittlungen. Es war mehr als nur eine zufällige Schmiererei – es war ein Symbol für die tiefen sozialen Spannungen, die London im späten 19. Jahrhundert prägten. Die Frage, ob es tatsächlich vom Mörder selbst hinterlassen wurde oder ob es nur ein Ausdruck der weitverbreiteten Vorurteile war, wird vielleicht nie abschließend geklärt werden. Doch eines ist sicher: Der Antisemitismus spielte eine zentrale Rolle in den Ermittlungen und trug dazu bei, die öffentliche Wahrnehmung des Falls zu formen.

In der Nachbetrachtung des Ripper-Falls zeigt sich, wie sehr rassistische und religiöse Vorurteile die Art und Weise beeinflussten, wie über Verbrechen nachgedacht und berichtet wurde. Das Graffito von Goulston Street war nicht nur ein Hinweis in einem Kriminalfall, sondern ein Spiegelbild der gesellschaftlichen Spannungen und der tiefen Gräben, die das London jener Zeit durchzogen. Antisemitismus und Rassismus blieben nicht nur Randphänomene in den Ermittlungen, sondern wirkten als unsichtbare Kräfte, die die Suche nach dem Täter ebenso prägten wie die Reaktionen der Öffentlichkeit auf die Morde.

Mögliche Verdächtige

Eine Vielzahl von Theorien

Analyse der Rolle, die Antisemitismus in den Ermittlungen spielte

Seit den grausamen Morden von 1888 sind über 130 Jahre vergangen, doch die Identität von Jack the Ripper bleibt ein ungelöstes Mysterium. In all dieser Zeit hat sich eine Vielzahl von Verdächtigen angesammelt, wobei einige aufgrund starker Beweise und anderer durch reine Spekulationen ins Visier der Ermittlungen gerieten. Jeder dieser Verdächtigen brachte seine eigene Aura von Rätsel und dunkler Faszination mit, während die Öffentlichkeit und Experten immer wieder versuchten, in der Person des Mörders Sinn und Logik zu finden. Was alle Theorien über die Jahre jedoch eint, ist das Streben nach einer Erklärung für die Taten und den Versuch, das dunkle Kapitel des Londoner Ostends zu einem Abschluss zu bringen.

Unter den prominentesten Verdächtigen fanden sich Menschen aus unterschiedlichsten Gesellschaftsschichten – von einem einfachen Friseur bis hin zu einem Mitglied des britischen Königshauses. Jeder Einzelne wurde mit mehr oder weniger belastbaren Beweisen in Verbindung gebracht, aber kein Name hat es je geschafft, die gesamte Wahrheit über Jack the Ripper zu enthüllen. Die Verdächtigen spiegeln dabei auch die Spannungen und Ängste der Zeit wider: von der Furcht vor dem Fremden über Misstrauen gegenüber der Oberschicht bis hin zu tief sitzenden antisemitischen Vorurteilen.

Aaron Kosminski: Der ›Wahnsinnige Jude‹

Aaron Kosminski ist einer der Verdächtigen, der in den letzten Jahrzehnten am häufigsten mit dem Ripper-Fall in Verbindung gebracht wurde. Der in Polen geborene jüdische Einwanderer lebte im Armenviertel von Whitechapel und war aufgrund seiner psychischen Probleme den örtlichen Behörden bekannt. Er wurde von Zeitgenossen als geistig verwirrt beschrieben und schließlich in eine Nervenheilanstalt eingewiesen. Einige der Ermittler, darunter der Polizeiarzt Dr. Anderson, vermuteten, dass Kosminski hinter den Morden steckte. Diese Theorie wurde insbesondere durch seine Nähe zu den Tatorten und Berichte über sein seltsames Verhalten gestützt.

Kosminskis jüdische Herkunft und sein Geisteszustand passten in die antisemitische Stimmung der damaligen Zeit, die in Whitechapel vorherrschte. Die Tatsache, dass er einer fremden und oft verachteten Gemeinschaft angehörte, machte ihn für viele zu einem perfekten Sündenbock. Obwohl es jedoch nie eindeutige Beweise gab, die Kosminski direkt mit den Morden in Verbindung brachten, ist er einer der Verdächtigen, der bis heute immer wieder in den Fokus der Untersuchungen rückt. Moderne DNA-Analysen eines Schals, der am Tatort eines der Morde gefunden wurde, sollen angeblich Spuren von Kosminskis DNA enthalten haben, was seine Täterschaft weiter untermauern könnte. Doch diese Beweise bleiben umstritten, und viele Experten zweifeln an der Schlussfolgerung.

Montague John Druitt: Der gefallene Gentleman

Montague John Druitt, ein Anwalt und Gelehrter, dessen Leiche Ende 1888 in der Themse gefunden wurde, wurde posthum als Verdächtiger gehandelt. Druitt war aus einer angesehenen Familie, hatte jedoch in den Monaten vor seinem Tod persönliche und berufliche Rückschläge erlitten. Die Hypothese, dass er Jack the Ripper gewesen sein könnte, basiert auf der Tatsache, dass sein Tod zeitlich mit dem Ende der Mordserie zusammenfiel. Einige Ermittler, darunter der damalige Polizeichef Sir Melville Macnaghten, äußerten den Verdacht, dass Druitt für die Morde verantwortlich sein könnte. Macnaghten führte aus, dass Druitt psychisch labil gewesen sei und dass er sich möglicherweise aus Schuldgefühlen oder Angst vor Entdeckung das Leben genommen habe.

Allerdings gibt es kaum belastbare Beweise, die Druitt eindeutig mit den Taten in Verbindung bringen. Seine Stellung in der Gesellschaft und sein Lebensstil passen nicht zum Profil eines Serienmörders, der sich nachts in den dunklen Gassen von Whitechapel herumtrieb. Dennoch bleibt die Theorie bestehen, dass Druitt, ein Mann von scheinbar guter Herkunft, in Wirklichkeit von inneren Dämonen heimgesucht wurde und als Jack the Ripper eine zweite, düstere Identität pflegte.

Michael Ostrog: Der Betrüger

Michael Ostrog, ein professioneller Hochstapler und Krimineller, war ein weiterer Verdächtiger, den Sir Melville Macnaghten in seiner berühmten Liste der möglichen Täter aufführte. Ostrog war wegen Diebstahls und Betrugs vorbestraft und bewegte sich oft in den kriminellen Unterwelten Londons. Seine Fähigkeiten, sich in verschiedenen Rollen und Identitäten zu bewegen, weckten das Interesse der Ermittler, die glaubten, dass er die nötige Gerissenheit und Verschlagenheit besaß, um die Ripper-Morde zu begehen und gleichzeitig der Polizei zu entkommen.

Allerdings fehlt es auch hier an belastbaren Beweisen. Es gibt keine direkten Hinweise darauf, dass Ostrog in Whitechapel zum Zeitpunkt der Morde war, und die Annahme, dass ein professioneller Krimineller wie Ostrog, der auf Betrug spezialisiert war, plötzlich zu einem bestialischen Serienmörder wurde, bleibt spekulativ. Dennoch taucht sein Name in vielen historischen Analysen des Falls auf.

Sir William Gull: Die königliche Verschwörung

Eine der faszinierendsten und umstrittensten Theorien um Jack the Ripper dreht sich um Sir William Gull, den Leibarzt von Königin Victoria. Diese Theorie, die stark von Verschwörungstheorien geprägt ist, behauptet, dass Gull an einer geheimen Operation beteiligt gewesen sei, um die Reputation der britischen Monarchie zu schützen. Nach dieser Theorie hätten die Opfer der Ripper-Morde eine Rolle in einer Verschwörung gespielt, die eine uneheliche Verbindung zwischen Prinz Albert Victor, dem Enkel von Königin Victoria, und einer einfachen Frau aus Whitechapel hätte offenlegen können. Gull, der angeblich im Auftrag der Krone gehandelt habe, soll die Frauen ermordet haben, um die königliche Familie vor einem Skandal zu bewahren.

Diese Theorie, die in den 1970er Jahren populär wurde, stützt sich jedoch weniger auf belastbare Beweise als auf eine Mischung aus Spekulationen und Verschwörungsgedanken. Sir William Gull war zum Zeitpunkt der Morde bereits gesundheitlich stark angeschlagen, und es gibt keine Hinweise darauf, dass er in irgendeiner Weise in die Morde involviert war. Dennoch bleibt diese Theorie eine der langlebigsten und faszinierendsten, weil sie die Verstrickung der britischen Elite in eine düstere Mordserie andeutet.

James Maybrick: Der Tagebuch-Mörder

In den 1990er Jahren sorgte ein vermeintliches Tagebuch für Aufsehen, das die Morde aus der Perspektive des Rippers schilderte. Das Tagebuch wurde angeblich von James Maybrick verfasst, einem wohlhabenden Baumwollhändler aus Liverpool, der 1889 unter mysteriösen Umständen starb. Das Dokument beschreibt detailliert die Mordserie und enthält Hinweise, die auf Maybricks Täterschaft hindeuten könnten. Obwohl das Tagebuch zunächst als sensationelle Entdeckung gefeiert wurde, blieben Zweifel an seiner Authentizität bestehen. Viele Experten glauben, dass es sich um eine Fälschung handelt, da es keine stichhaltigen Beweise für die Verbindung zwischen Maybrick und den Morden gibt.

Die Vorstellung, dass ein wohlhabender und angesehener Geschäftsmann wie Maybrick ein Doppelleben als grausamer Serienmörder geführt haben könnte, bleibt jedoch für viele ein faszinierender Gedanke. Das Tagebuch – ob echt oder gefälscht – hat Maybrick zumindest einen festen Platz in der Liste der Ripper-Verdächtigen gesichert.

Schlussfolgerung:

Ein ungelöstes Rätsel

Die Liste der Verdächtigen in den Jack-the-Ripper-Morden ist lang und reicht von zwielichtigen Gestalten der Unterwelt bis hin zu Mitgliedern der britischen Elite. Jede Theorie hat ihre eigenen Argumente und Spekulationen, aber keiner der Verdächtigen konnte endgültig als der Täter identifiziert werden. Die Vielzahl der Theorien zeigt, wie tief die Faszination für den Fall reicht und wie schwer es ist, einen Mörder wie Jack the Ripper zu fassen – einen Mann, der in den Schatten agierte und seine Opfer mit chirurgischer Präzision und grausamer Brutalität hinrichtete.

Die Tatsache, dass der Fall bis heute ungelöst bleibt, mag eine der Gründe für die anhaltende Faszination sein. Die Vorstellung, dass der Mörder weiterhin in den Schatten der Geschichte verborgen bleibt, nährt die Spekulationen und Theorien, die auch Jahrzehnte nach den Morden immer wieder neu belebt werden. Jack the Ripper ist nicht nur ein ungelöster Fall – er ist eine Legende, ein Rätsel, das wahrscheinlich nie vollständig aufgeklärt werden kann. Doch genau diese Ungewissheit ist es, die den Mythos des Rippers weiterleben lässt.

Die Identität des Täters

Wahrheit oder Mythos?

Spekulationen und die neuesten wissenschaftlichen Erkenntnisse zur Identität von JTR

Seit den unheimlichen Morden im Jahr 1888, die die Straßen von Whitechapel in ein blutgetränktes Labyrinth aus Angst und Schrecken verwandelten, versucht die Welt, ein Gesicht hinter dem berüchtigten Namen ›Jack the Ripper‹ zu entdecken. Doch auch über ein Jahrhundert später, trotz modernster kriminalistischer Methoden und intensiver Forschung, bleibt die wahre Identität des Täters ebenso rätselhaft wie die brutalen Verbrechen, die er begangen hat. Das Thema, wer Jack the Ripper wirklich war, hat sich nicht nur in die populäre Kultur eingebrannt, sondern auch eine ganze Forschungsindustrie geschaffen, die von Historikern, Kriminologen, Psychologen und Hobbyschnüfflern angetrieben wird.

Die endlose Suche nach der Wahrheit

Die Identität von Jack the Ripper ist heute vielleicht noch mysteriöser als damals, als die Ermittler der Metropolitan Police durch die Nebel der Londoner Nächte stolperten, auf der verzweifelten Jagd nach einem Phantom. Die fehlende Identifizierung des Täters führte zu einer Reihe von Spekulationen, die sich im Laufe der Zeit zu einem reichen Geflecht aus Theorien, Verdächtigungen und Mythen entwickelten. Was anfangs eine

Frage der Gerechtigkeit war – nämlich einen brutalen Serienmörder zu fassen – verwandelte sich über die Jahrzehnte hinweg in eine Faszination für das Unbekannte. Der Mörder von Whitechapel wurde nicht nur zu einem Symbol des Bösen, sondern auch zu einer Figur, die sich der Wahrheit widersetzte. Er wurde zum Mythos.

Von Anfang an versuchten die Ermittler, ein Muster in den Morden zu erkennen und die Identität des Täters anhand der wenigen Anhaltspunkte zu entschlüsseln. Doch die Fährte blieb kalt, und so füllte sich das Vakuum der Unwissenheit schnell mit Vermutungen. Der Ripper wurde von der Öffentlichkeit personifiziert, durch Spekulationen und mediale Berichte in eine Figur verwandelt, die das Grauen in die Herzen der Menschen trug. Diese Personifizierung führte dazu, dass im Laufe der Jahre mehr als 100 mögliche Verdächtige ins Spiel kamen – von psychisch Kranken, die in Whitechapel lebten, bis hin zu prominenten Persönlichkeiten aus der Gesellschaft, wie Ärzten und Adligen. Jede dieser Theorien schien zu ihrer Zeit überzeugend, aber keine hielt der wissenschaftlichen Prüfung dauerhaft stand.

Moderne DNA-Technologie und die Spurensuche

Im Laufe der Jahrzehnte haben sich die Ermittlungen über die Identität von Jack the Ripper gewandelt, von polizeilichen Befragungen und forensischen Untersuchungen hin zu modernster DNA-Analyse. Ein besonders aufsehenerregender Durchbruch kam 2014, als Wissenschaftler behaupteten, die DNA des berüchtigten Mörders identifiziert zu haben. Ein

Schal, der angeblich bei einem der Opfer, Catherine Eddowes, gefunden wurde, stand im Zentrum dieser Untersuchung. Mithilfe moderner genetischer Techniken konnten Wissenschaftler DNA-Spuren von zwei verschiedenen Individuen auf dem Stoff nachweisen: Die eine stammte von Eddowes selbst, die andere wurde einem der Hauptverdächtigen, dem polnischen Einwanderer Aaron Kosminski, zugeordnet. Dies führte zu einer erneuten Bestätigung der Theorie, dass Kosminski der gesuchte Täter sein könnte.

Doch trotz der Aufregung und der Hoffnung, das Geheimnis endlich gelöst zu haben, gab es von Beginn an Zweifel an der Authentizität und Aussagekraft dieses vermeintlichen Beweises. Kritiker bemängelten die lückenhafte Kette der Beweissicherung, die Unsicherheit darüber, ob der Schal tatsächlich vom Tatort stammte, und die Tatsache, dass die DNA-Kontamination über die vielen Jahrzehnte hinweg nicht ausgeschlossen werden konnte. Die Entdeckung führte zwar zu einem neuen Schwung in der Diskussion über Kosminskis mögliche Rolle, doch sie lieferte nicht die unumstößlichen Beweise, die nötig wären, um die Identität des Täters endgültig zu klären.

Die psychologische Spurensuche

Neben den forensischen Ermittlungen bietet die Psychologie eine weitere Möglichkeit, der Identität von Jack the Ripper auf die Spur zu kommen. Moderne Profile von Serienmördern bieten Einblicke in die Motive und Verhaltensmuster solcher Täter, und diese können genutzt werden, um die Handlungen des

Rippers zu analysieren. Einige Experten glauben, dass die brutalen Verstümmelungen der Opfer auf ein tiefes Gefühl der Wut und Machtlosigkeit hindeuten, möglicherweise sogar auf eine psychotische Störung. Andere hingegen sehen in den Morden eine präzise geplante und kontrollierte Serie von Verbrechen, die von einem hochintelligenten, aber extrem gestörten Individuum begangen wurden.

Trotz dieser Erkenntnisse bleibt die psychologische Analyse spekulativ. Die spärlichen Hinweise und Berichte aus der Zeit machen es schwierig, ein genaues Profil des Täters zu erstellen. Doch die Tatsache, dass Jack the Ripper nie gefasst wurde und seine Mordserie abrupt endete, deutet darauf hin, dass er entweder starb, ins Ausland floh oder auf andere Weise aus dem Leben der Londoner verschwand. Einige Experten gehen sogar davon aus, dass er sich aus Angst vor Entdeckung zurückzog oder dass er aufgrund einer sich verschlechternden psychischen Verfassung aufhörte zu morden.

Ein Mythos, der weiterlebt

Obwohl die modernen wissenschaftlichen Methoden einige Fortschritte gemacht haben, bleibt die wahre Identität von Jack the Ripper bis heute ein Mysterium. Der Fall hat sich zu einem Symbol für die Unfähigkeit der Gesellschaft entwickelt, das Böse zu fassen und zu begreifen. Jack the Ripper ist mehr als nur ein historischer Serienmörder. Er ist eine Gestalt, die in den Schatten unserer Vorstellungskraft lebt, ein Mythos, der von der kollektiven Faszination für das Ungeklärte und Unerklärliche genährt wird. Vielleicht ist genau das der Grund, warum der Fall nach all den Jahren noch immer so lebendig ist. Jeder neue Verdächtige, jede neue Theorie fügt dem Mythos weitere Schichten hinzu und hält ihn am Leben.

Die Frage bleibt: Wollen wir überhaupt wissen, wer Jack the Ripper wirklich war? Oder ist es die Ungewissheit, die den Mythos so faszinierend macht? Selbst wenn eines Tages ein unwiderlegbarer Beweis auftaucht, der den Täter identifiziert, wird der Mythos weiterleben – als eine dunkle Erinnerung an eine Zeit, in der das Böse unerkannt durch die Straßen Londons streifte und die Gesellschaft ratlos zurückließ.

Am Ende bleibt die Identität von Jack the Ripper möglicherweise für immer im Nebel der Geschichte verborgen. Trotz modernster Technik und jahrzehntelanger Untersuchungen könnte es sein, dass die Wahrheit nie vollständig ans Licht kommt. Was bleibt, ist der Mythos eines der berühmtesten ungelösten Fälle der Kriminalgeschichte – und die anhaltende Faszination, die von der Ungewissheit ausgeht. Jack the Ripper ist nicht nur ein Verbrecher, sondern eine Figur, die sich dem Verständnis entzieht und in den Köpfen der Menschen weiterlebt, als Symbol des Unheimlichen und Unerklärlichen.

Rache oder Ritual?

Untersuchung, ob möglicherweise Rache, Hass oder andere tiefere psychologische Motive eine Rolle spielten

Die Taten von Jack the Ripper waren von einer Grausamkeit und Brutalität geprägt, die ihre Zeitgenossen schockierten und bis heute die Fantasie der Menschen beschäftigen. Die Morde, die im Londoner Stadtteil Whitechapel stattfanden, stachen nicht nur durch die Gewalt hervor, sondern auch durch die systematische Verstümmelung der weiblichen Opfer. Diese Schreckensakte werfen eine zentrale Frage auf: Welche Motive könnten hinter den grausamen Verbrechen gesteckt haben? Handelte der Täter aus Hass, Rache oder möglicherweise einem tieferen, ritualisierten Bedürfnis heraus?

Die Untersuchung der möglichen Motive von Jack the Ripper bietet ein weites Spektrum an Interpretationen. Einige Theorien gehen davon aus, dass der Täter seine Verbrechen mit präziser Absicht beging, andere hingegen, dass er von einem tiefen inneren Zwang getrieben wurde. Um das Wesen der Morde zu verstehen, ist es hilfreich, sich mit den psychologischen und gesellschaftlichen Umständen zu beschäftigen, die Jack the Ripper zu einem so erschreckenden Symbol des Bösen machten.

Hass und Rache als mögliche Motive

Zu den naheliegenden Motiven, die oft in der Geschichte von Gewaltverbrechen eine Rolle spielen, gehören Hass und Rache. Es wird spekuliert, dass Jack the Ripper möglicherweise von einem tiefen Hass auf Frauen oder auf eine bestimmte soziale Gruppe angetrieben wurde. Die Tatsache, dass seine Opfer ausschließlich Frauen waren – und dabei Frauen, die größtenteils am Rande der Gesellschaft standen und in der Prostitution tätig waren – lässt die Vermutung zu, dass der Täter möglicherweise negative Erfahrungen mit dieser Gruppe gemacht hatte. Eine Theorie, die bereits früh in den Ermittlungen aufkam, war, dass Jack the Ripper ein Mann war, der von einer Frau in seinem Leben, vielleicht einer Prostituierten, zutiefst verletzt oder gedemütigt worden war und aus Rache handelte.

Die Art und Weise, wie die Opfer getötet und verstümmelt wurden, scheint diese Theorie zu stützen. Die Schnitte und Verstümmelungen zielten auf Teile des Körpers, die in direktem Zusammenhang mit Weiblichkeit und Fortpflanzung stehen, wie die Genitalien und der Uterus. Es gibt Forscher, die behaupten, dass dies auf einen psychologisch tief verwurzelten Hass auf Frauen hindeutet, möglicherweise auf die Vorstellung, dass die weibliche Sexualität etwas Gefährliches oder Böses sei, das ausgerottet werden müsse. In dieser Interpretation symbolisiert die Gewalt gegen die Opfer eine Art persönlicher Rache des Täters an der Weiblichkeit selbst, vielleicht als Ausdruck eines gescheiterten Sexuallebens oder einer unerwiderten Zuneigung.

Eine weitere Variante dieser Theorie besagt, dass der Täter durch die Umstände seiner Zeit von gesellschaftlichem Hass angetrieben wurde. Die Frauen, die Jack the Ripper ermordete, gehörten einer sozialen Klasse an, die von der viktorianischen Gesellschaft weitgehend verachtet wurde. Prostitution war zwar allgegenwärtig, doch die Frauen, die ihr nachgingen, galten als moralisch verkommen und wurden in den öffentlichen Diskursen jener Zeit oft als Gefahr für die ›anständige‹ Gesellschaft angesehen. Es könnte sein, dass Jack the Ripper diese Ansichten teilte und seine Verbrechen als eine Art ›Reinigung‹ von Whitechapel ansah – getrieben von einem verzerrten moralischen Rigorismus oder einem tiefen Hass auf jene, die er als ›unrein‹ betrachtete.

Das Ritual der Gewalt

Doch so überzeugend die Theorien von Hass und Rache auch erscheinen mögen, sie erklären nicht die wiederkehrende Systematik und die fast rituelle Art und Weise, in der die Morde begangen wurden. Viele Kriminalpsychologen und Historiker sind der Ansicht, dass Jack the Ripper einem tieferen, psychologisch ritualisierten Zwang folgte. Die detaillierte und methodische Verstümmelung der Opfer deutet darauf hin, dass der Täter mehr als nur Wut und Hass empfand – es scheint, als hätte er einem festgelegten Plan gefolgt, einem Ritual, das für ihn eine tiefere Bedeutung hatte.

Ritualisierte Gewalt ist in der Geschichte der Menschheit nichts Ungewöhnliches. Ob in religiösen Zeremonien, kulturellen Bräuchen oder psychologischen Störungen – Rituale dienen oft dazu, bestimmte Ängste, Obsessionen oder unerfüllte Bedürfnisse zu bewältigen. Bei Jack the Ripper könnte das Ritual in den Morden einen Weg dargestellt haben, auf seine eigenen inneren Dämonen zu reagieren. Serienmörder, die ritualisierte Handlungen ausführen, empfinden oft eine tiefe Befriedigung in der Wiederholung ihrer Taten. Der Akt selbst – das Töten und Verstümmeln – wird zum Mittelpunkt ihres Lebens, zu einem Zwang, dem sie immer wieder nachgehen müssen.

Ein weiteres Indiz für ein rituelles Motiv liegt in der Tatsache, dass die Morde eine bestimmte Reihenfolge von Handlungen folgen. Die Opfer wurden zuerst schnell getötet, um ihnen keine Chance auf Gegenwehr zu lassen, danach begann die Verstümmelung. Der Täter schien diese Verstümmelungen mit einer verstörenden Präzision und Hingabe durchzuführen, fast so, als ob es dabei weniger um das Töten selbst ging, sondern mehr um das, was nach dem Tod mit den Körpern geschah. Dies deutet auf eine psychologische Struktur hin, bei der der Täter das Gefühl von Kontrolle und Macht über seine Opfer nicht durch den Mord allein erlangte, sondern durch die nachfolgende Zerstörung ihrer Körper.

Ein weiterer Aspekt, der diese Theorie stützt, ist die Tatsache, dass Jack the Ripper Teile der Körper seiner Opfer mitnahm, besonders Organe wie den Uterus und die Nieren. Einige Forscher spekulieren, dass der Täter diese Organe als Trophäen sammelte, um seine Taten zu verewigen und sich immer wieder an seine Macht über Leben und Tod zu erinnern. Andere wiederum vermuten, dass diese Verstümmelungen und das Mitnehmen der Organe auf tieferliegende psychosexuelle Bedürfnisse hinweisen, bei denen der Täter die Gewalt und den Tod mit einer Art pervertierter Erfüllung verknüpfte.

Psychologische Hintergründe und die Suche nach einem Motiv

Die Frage nach dem genauen Motiv von Jack the Ripper bleibt bis heute unbeantwortet. Viele der Spekulationen stützen sich auf bekannte psychologische Muster, die auch bei anderen Serienmördern zu finden sind. Häufig handeln solche Täter aus einem Gefühl der eigenen Unzulänglichkeit heraus, gepaart mit tiefem Hass auf eine bestimmte Gruppe, die sie für ihr eigenes Scheitern verantwortlich machen. Die Gewalt wird zu einer Form der Kontrolle über die eigene Welt, eine Art Rache an denjenigen, die den Täter vermeintlich verletzt oder gedemütigt haben.

Doch im Fall von Jack the Ripper bleibt vieles im Dunkeln. Die Verbindung zwischen Hass, Rache und einem tiefen, rituellen Zwang ist schwer zu durchschauen. Es scheint, als habe der Täter nicht nur aus Wut oder Hass gehandelt, sondern als sei er getrieben von einer Art innerem Drang, der ihn immer wieder zu den dunklen Straßen von Whitechapel führte. Seine Taten waren nicht nur Ausdruck eines gestörten Geistes, sondern möglicherweise auch das Ergebnis einer tiefen psychischen Struktur, die bis heute nicht vollständig entschlüsselt werden kann.

Ein Verbrechen, das Spekulationen nährt

Die Morde von Jack the Ripper sind heute ebenso mysteriös wie damals. Die Motive, die hinter diesen schrecklichen Taten steckten, bleiben im Schatten der Geschichte verborgen. Doch die Faszination für diese Frage, ob der Täter aus Rache, Hass oder einem tieferen, rituellen Zwang handelte, wird weiterbestehen. Jeder neue Ansatz, jede Theorie trägt dazu bei, das Bild von Jack the Ripper zu formen, doch die wahre Natur seiner Taten bleibt unklar. Es könnte sein, dass genau in dieser Ungewissheit der Grund liegt, warum der Mythos von Jack the Ripper nie verblassen wird.

Das Ende der Mordserie

Was stoppte Jack the Ripper?

Hypothesen über das Ende der Mordserie

Das plötzliche Ende der Mordserie von Jack the Ripper ist ebenso rätselhaft wie die Verbrechen selbst. Zwischen August und November 1888 hatte der berüchtigte Täter in den Straßen von Whitechapel fünf Frauen auf bestialische Weise getötet und die Öffentlichkeit in Angst und Schrecken versetzt. Doch nach dem grausamen Mord an Mary Jane Kelly, dem letzten der sogenannten kanonischen Opfer, schien der Schrecken plötzlich zu enden. Es gab keine weiteren Morde, die dem Modus Operandi des Rippers eindeutig zugeschrieben werden konnten. Dies führte zu einer der größten Fragen in der Geschichte des Falls: Warum hörte Jack the Ripper auf? Was stoppte ihn, nachdem er monatelang unaufhaltsam gewütet hatte?

Die Suche nach Antworten hat über die Jahre viele Hypothesen hervorgebracht, die von rationalen Erklärungen bis hin zu mysteriösen und spekulativen Theorien reichen. Keine dieser Theorien konnte letztlich bewiesen werden, doch jede wirft ein neues Licht auf den komplexen Charakter des Täters und die Umstände, die zu seinem plötzlichen Verschwinden führten.

War Jack the Ripper gestorben?

Eine der naheliegendsten und häufigsten Hypothesen ist, dass der Täter starb. Serienmörder, die von inneren Zwängen getrieben werden, hören in der Regel nicht einfach auf. Sie sind gefangen in einem Kreislauf von Gewalt, der nur durch äußere Einflüsse unterbrochen werden kann. Wenn Jack the Ripper also abrupt aufhörte, scheint der Gedanke naheliegend, dass er gestorben sein könnte, sei es durch Krankheit, einen Unfall oder Selbstmord.

Es gibt Indizien, die diese Theorie stützen. Whitechapel und das East End von London waren zu jener Zeit von Armut, Krankheit und unhygienischen Lebensbedingungen geprägt. Epidemien und Krankheiten wie Tuberkulose, Typhus oder die Grippe waren weit verbreitet und könnten den Tod des Mörders herbeigeführt haben. Möglicherweise starb er anonym, ohne dass die Behörden jemals erkannten, dass der Mann, der in den engen Gassen von Whitechapel lebte und starb, der berüchtigte Jack the Ripper war.

Auch Selbstmord ist eine denkbare Möglichkeit. Serienmörder, die durch tiefe psychologische Zwänge getrieben werden, leiden oft unter inneren Konflikten, die sie schließlich zu ihrem eigenen Tod führen können. Es ist denkbar, dass Jack the Ripper nach den Morden in einen Zustand des psychischen Zusammenbruchs geriet und seinem Leben ein Ende setzte, bevor er weitere Taten begehen konnte.

Eine Verhaftung im Verborgenen?

Eine andere Möglichkeit, die das Ende der Mordserie erklären könnte, ist, dass Jack the Ripper tatsächlich verhaftet wurde – doch ohne dass die Polizei je erkannte, wen sie gefasst hatte. Die Londoner Polizei stand zu dieser Zeit unter großem Druck, die Morde aufzuklären, doch die Verbrechensbekämpfung war im viktorianischen Zeitalter noch längst nicht so fortgeschritten wie heute. Es gab keine forensischen Methoden, keine Fingerabdrücke oder DNA-Spuren, die eine eindeutige Verbindung zwischen Täter und Tatort herstellen konnten. Möglicherweise wurde Jack the Ripper wegen eines anderen Vergehens gefasst – eines, das mit den Morden nicht in Verbindung stand – und verbrachte den Rest seines Lebens im Gefängnis oder in einer Irrenanstalt, ohne dass die Polizei je wusste, dass sie den berüchtigten Killer hinter Gitter gebracht hatte.

Diese Hypothese wird durch die Tatsache gestützt, dass die Polizei im Laufe der Jahre mehrere Verdächtige festnahm, von denen einige in psychiatrische Einrichtungen eingewiesen wurden. Besonders interessant ist der Fall von Aaron Kosminski, einem der Hauptverdächtigen, der 1891 wegen psychischer Störungen in eine Anstalt eingeliefert wurde. Kosminski war ein polnischer Einwanderer, der in Whitechapel lebte und dessen Profil auf gewisse Weise zu Jack the Ripper passte. Obwohl es keine direkten Beweise gibt, dass Kosminski tatsächlich der Täter war, könnte es sein, dass die Verhaftung eines Mannes wie ihm das Ende der Mordserie bedeutete.

Flucht ins Ausland?

Eine weitere Theorie, die das plötzliche Ende der Morde erklären könnte, ist die Möglichkeit, dass Jack the Ripper das Land verließ. London war im späten 19. Jahrhundert ein internationales Zentrum mit vielen Menschen aus den unterschiedlichsten Ländern. Es ist durchaus möglich, dass der Mörder nach den grausamen Taten untertauchte und sich ins Ausland absetzte, um der zunehmenden Aufmerksamkeit der Polizei zu entgehen. Diese Theorie wurde insbesondere in den Fällen von Verdächtigen diskutiert, die als Seeleute oder Reisende in London gewesen sein könnten und nach den Morden einfach die Stadt verließen.

Besonders der Verdacht, dass der Mörder vielleicht ein Matrose war, der mit Schiffen nach London kam und nach den Morden wieder weiterreiste, wurde mehrfach geäußert. Dies würde erklären, warum die Morde in einem bestimmten Zeitraum stattfanden und dann plötzlich aufhörten. Der Täter könnte auf einem Schiff das Land verlassen haben, um nie wieder zurückzukehren. In diesem Zusammenhang wurde auch der Name Francis Tumblety, ein amerikanischer Quacksalber, genannt, der nach einigen Angaben London im Jahr 1888 verließ, kurz nachdem die Mordserie endete.

Jack the Ripper hat aufgehört – aber warum?

Eine Hypothese, die in der Kriminalpsychologie immer wieder Erwähnung findet, ist, dass Jack the Ripper schlicht aufgehört haben könnte. Diese Vorstellung scheint zunächst schwer zu glauben, doch es gibt Beispiele von Serienmördern, die ihre Verbrechen aus unklaren Gründen beendeten, ohne jemals gefasst zu werden. Möglicherweise erreichte der Täter nach dem letzten Mord an Mary Jane Kelly eine Art ›Vollendung‹ seiner Taten, ein Abschluss, der ihn befriedigte und seinen inneren Drang zum Töten stillte. Kelly war das einzige Opfer, das in einem Raum und nicht auf der Straße ermordet wurde, und die Verstümmelungen an ihrem Körper waren noch brutaler als bei den vorherigen Opfern. Vielleicht erreichte der Mörder in dieser Tat den Höhepunkt seiner Gewaltfantasien und verspürte danach keinen weiteren Drang mehr, zu morden.

Diese Theorie stützt sich auf die Idee, dass der Mordzyklus eines Serienkillers nicht unbedingt endlos sein muss. Es könnte sein, dass der Täter nach dem letzten Mord eine Art persönliche Befriedigung fand, die es ihm ermöglichte, aufzuhören, ohne dass äußere Umstände dies erzwangen. Dennoch bleibt diese Hypothese spekulativ, da es nur sehr wenige Beispiele für Serienmörder gibt, die freiwillig aufhörten.

Krankheit oder körperliche Unfähigkeit?

Ein weiterer möglicher Grund, warum Jack the Ripper nach dem letzten Mord verstummte, könnte eine Krankheit oder eine körperliche Unfähigkeit gewesen sein. Wie viele der damaligen Londoner Bevölkerung lebte auch der Täter möglicherweise unter schlechten Bedingungen, die ihn krank machten. Eine schwere Erkrankung oder Verletzung könnte ihn schlicht außerstande gesetzt haben, seine grausamen Verbrechen fortzusetzen. Möglicherweise war er nach dem letzten Mord nicht mehr körperlich oder geistig in der Lage, weiteren Frauen nachzustellen und seine Morde mit der gleichen Brutalität zu begehen.

Serienmörder, die an psychologischen Störungen leiden, erleben oft Phasen intensiver Aktivität, gefolgt von Perioden der Ruhe oder des Rückzugs. Es könnte sein, dass Jack the Ripper nach dem Mord an Mary Jane Kelly in eine solche Phase des Rückzugs eintrat, entweder aufgrund eines physischen Zusammenbruchs oder weil sein psychischer Zustand sich veränderte.

Der Mythos des Verschwindens

Unabhängig von der wahren Ursache des plötzlichen Endes von Jack the Ripper bleibt die Frage, warum die Mordserie endete, ein wesentlicher Bestandteil des Mythos um seine Person. Die Tatsache, dass der Täter nie gefasst wurde und scheinbar spurlos verschwand, fügte seiner Legende eine neue Dimension hinzu. Viele andere Serienmörder wurden im Laufe der Geschichte gefasst und vor Gericht gestellt, doch bei Jack the Ripper blieb das Rätsel ungelöst.

Sein Verschwinden aus den Straßen von Whitechapel, genauso plötzlich wie sein Auftauchen, hat die Fantasie der Menschen über Generationen hinweg beflügelt. Vielleicht war es gerade diese Ungewissheit, die den Mythos von Jack the Ripper so langlebig gemacht hat. Solange es keine endgültige Antwort auf die Frage gibt, warum er aufhörte, werden die Spekulationen weitergehen – und damit auch das dunkle, faszinierende Erbe eines der berüchtigtsten Serienmörder der Geschichte.

Das Erbe von Jack the Ripper

Mythos und Realität

Wie die Figur in der Popkultur weiterlebt und was sie symbolisiert

Jack the Ripper, der unheimliche Schatten, der 1888 durch die nebelverhangenen Straßen des Londoner East End schlich, ist längst mehr als nur ein historisches Phänomen. Der Name des unbekannten Mörders hat sich zu einer Ikone in der modernen Popkultur entwickelt, die sich in unzähligen Filmen, Büchern, Serien und künstlerischen Werken widerspiegelt. Doch wie kam es, dass ein brutaler Mörder, der fünf Frauen auf schrecklichste Weise das Leben nahm, zu einer Art düsterem Mythos wurde? Welche Symbole und Metaphern verkörpert diese Figur, und wie hat sich ihre Wahrnehmung über die Jahre gewandelt?

Das Erbe von Jack the Ripper ist eine komplexe Mischung aus Realität und Fiktion, die sich in den Köpfen der Menschen zu einem symbolträchtigen Mythos verfestigt hat. Dieser Mythos lebt weiter, weil er weit über die grausamen Taten hinausgeht – er ist eine Metapher für Angst, Unsicherheit, Machtlosigkeit und das Unbekannte.

Der Archetyp des ›Unbekannten Mörders‹
Jack the Ripper ist nicht nur eine historische Figur, sondern er repräsentiert einen Archetypus, der tief in der kollektiven

Psyche der Menschheit verwurzelt ist: den unbekannten Mörder. Dieser Typus, der im Dunkel der Nacht agiert, maskiert und unerkannt, übt eine unheimliche Faszination aus. Er verkörpert die uralte Angst vor dem Fremden, vor der Bedrohung, die aus dem Schatten kommt und willkürlich zuschlägt. Diese Angst wurde durch Jack the Ripper auf eine besonders verstörende Weise real. Seine Opfer wurden auf offener Straße, in belebten Vierteln, inmitten der Gesellschaft ermordet – und doch blieb er unsichtbar. Die Tatsache, dass der Täter niemals gefasst wurde, machte die Bedrohung umso unheimlicher. Es war, als ob das Böse selbst in die Straßen von London eingebrochen wäre, ohne Gesicht, ohne Namen.

Dieses Bild des ›unbekannten Mörders‹ hat Jack the Ripper zu einem Symbol für das Unkontrollierbare gemacht – das Unfassbare, das selbst in der vermeintlich zivilisierten Gesellschaft immer lauert. Der Ripper symbolisiert die ständige Bedrohung, dass hinter jeder Ecke das Chaos und die Gewalt warten können, jederzeit bereit, das ordentliche Gefüge der Gesellschaft zu durchbrechen.

Die Dunkelheit der Großstadt

Neben der Faszination des ›unbekannten Mörders‹ hat Jack the Ripper auch eine tiefe Verbindung zu der Metapher der Stadt als Ort des Verfalls, der Korruption und des Verbrechens. Das viktorianische London, besonders das arme Viertel von Whitechapel, war ein Symbol für die Schattenseiten der industriellen Revolution. Während das Zentrum Londons in Glanz und Wohlstand erstrahlte, wuchsen in den Randgebieten wie Whitechapel Armut, Krankheit und Verbrechen. Die Morde des Rippers wurden zum Sinnbild dieser dunklen Seiten des Fortschritts. Sie zeigten auf brutale Weise die Kluft zwischen den wohlhabenden Schichten und den Elenden, die in den Slums lebten.

Die Stadt als gefährlicher, verworrener Ort, in dem sich Gewalt und Verbrechen verbergen, ist eine weitere symbolische Ebene, die Jack the Ripper bis heute in der Popkultur verkörpert. Er ist der unsichtbare Schatten, der in den engen, unübersichtlichen Gassen der Großstadt lauert – eine Verkörperung der urbanen Angst, die in jeder Metropole der Welt mitschwingt.

Der Ripper als Popkultur-Phänomen

Doch Jack the Ripper ist längst nicht nur ein Symbol für Angst und Chaos – er hat sich auch als Figur in die Welt der Popkultur eingeschlichen, auf eine Art und Weise, die ihn fast zu einer makabren Berühmtheit gemacht hat. Schon kurz nach den Morden begann die Presse, die Figur des Rippers zu stilisieren und auszuschlachten. Die Viktorianer liebten Schauergeschichten, und Jack the Ripper bot ihnen eine reale Horrorfigur, die ihre schlimmsten Alpträume übertraf. Zeitungen berichteten detailliert über die Morde, und Karikaturen sowie Geschichten über den Ripper verbreiteten sich in Windeseile.

Diese Faszination hat bis heute nicht nachgelassen. Filme wie ›From Hell‹ oder ›Murder by Decree‹ haben die Figur des Rippers in der modernen Zeit neu interpretiert, oft mit einer düsteren, mystischen Aura versehen. Der Ripper wurde zu einem Charakter, der nicht nur Angst einflößt, sondern auch Neugier weckt. Die Tatsache, dass seine Identität niemals geklärt wurde, macht ihn zu einer Projektionsfläche für zahllose Theorien und Spekulationen, was wiederum die kreative Faszination für die Figur nährt.

In der Popkultur wird der Ripper immer wieder als genialer, kalkulierender Mörder dargestellt, ein ungreifbarer Täter, der über der Polizei und den Institutionen der Gesellschaft steht. Diese Darstellung weicht oft stark von der tatsächlichen historischen Figur ab und schafft eine Legende, die sich zunehmend von der Realität löst. Jack the Ripper wird in vielen Werken fast schon zur übermenschlichen Figur stilisiert, die weit mehr ist als nur ein einfacher Mörder – er wird zur Verkörperung des Bösen an sich.

Die Symbolik des weiblichen Opfers

Ein weiterer wesentlicher Aspekt des Erbes von Jack the Ripper ist die Rolle der Opfer, insbesondere die symbolische Bedeutung des weiblichen Opfers. Die Frauen, die er ermordete, waren Teil einer marginalisierten Gruppe in der Gesellschaft – sie waren arm, viele von ihnen arbeiteten als Gelegenheitsprostituierte und lebten am Rande des Existenzminimums. Diese Frauen wurden nicht nur Opfer des Mörders, sondern auch Opfer einer Gesellschaft, die sie vernachlässigte und ausgrenzte.

In der Popkultur wird die Rolle des weiblichen Opfers oft auf diese klassische, fast stereotype Darstellung reduziert: das hilflose, schutzlose Opfer, das von einer überlegenen, bösen Macht überwältigt wird. Doch bei näherer Betrachtung offenbart sich, dass Jack the Ripper auch als Symbol für die Gewalt gegen Frauen in einer patriarchalischen Gesellschaft steht. Seine Taten werden zum Ausdruck eines tieferliegenden Misogynie-Motivs, das in der Gesellschaft seiner Zeit verwurzelt war und bis heute in den Diskursen über Gewalt gegen Frauen mitschwingt.

Der Ripper ist somit nicht nur ein Täter, der Frauen physisch ermordet hat, sondern er steht auch für die systematische Gewalt, die Frauen gesellschaftlich und psychologisch angetan wurde – eine Gewalt, die bis in die moderne Zeit nachhallt.

Mythos und Realität:

Eine trügerische Grenze

Das Erbe von Jack the Ripper ist ein faszinierendes Zusammenspiel aus Mythos und Realität. Einerseits war er ein realer Täter, der in einer bestimmten historischen Epoche fünf Frauen auf grausame Weise ermordete. Andererseits hat sich um seine Figur ein dichter Schleier aus Legenden, Spekulationen und Fantasien gelegt, der es schwer macht, zwischen dem historischen Ripper und der modernen Ikone zu unterscheiden.

Die Grenze zwischen Mythos und Realität ist oft trügerisch, besonders wenn es um Figuren wie Jack the Ripper geht. In den Medien und der Popkultur wird er oft als etwas Unnahbares, fast Mystisches dargestellt – ein Archetyp des Bösen, der sich der Aufklärung entzieht. Doch hinter diesem Mythos verbirgt sich eine traurige Realität: die brutalen Morde an fünf Frauen, die ihr Leben unter schwierigen Bedingungen fristeten und deren Mörder nie zur Rechenschaft gezogen wurde.

Das moderne Erbe von Jack the Ripper ist also ein vielschichtiges. Einerseits ist er ein Symbol für das Unbekannte, das Böse und das Unheimliche, das in den Straßen der Großstadt lauert. Andererseits ist er auch eine Mahnung an die gesellschaftlichen Missstände seiner Zeit – und vielleicht sogar unserer eigenen. Die Tatsache, dass er nie gefasst wurde, hat seine Legende nur verstärkt, doch sie lässt uns auch darüber nachdenken, wie wir als Gesellschaft mit Gewalt und Marginalisierung umgehen.

Jack the Ripper lebt weiter, nicht nur in den Köpfen derjenigen, die seine Geschichte studieren, sondern auch in der kollektiven Fantasie einer Welt, die immer auf der Suche nach einem Bösewicht ist, der sich dem Verständnis entzieht. Sein Erbe ist ein düsterer Spiegel, in dem sich die Abgründe der menschlichen Natur und die Versäumnisse der Gesellschaft gleichermaßen zeigen.

Ein ungelöstes Rätsel

Finale Gedanken darüber, warum der Fall Jack the Ripper bis heute fasziniert

Seit mehr als einem Jahrhundert treibt der Name Jack the Ripper Forscher, Kriminalisten und Geschichtsinteressierte in seinen Bann. Die unheimliche Faszination, die von diesem ungelösten Fall ausgeht, hat sich tief in das kulturelle Gedächtnis eingebrannt und überdauert jede Zeitperiode, jede neue Theorie und jede technologische Entwicklung. Doch worin liegt die ungebrochene Anziehungskraft dieses Verbrechens, dessen Täter nie identifiziert und dessen Taten nie vollständig verstanden wurden?

Das Geheimnis von Jack the Ripper scheint eine eigene Mythologie erschaffen zu haben, in der der Täter zu einer fast übermenschlichen Figur stilisiert wurde – ein dunkler Schatten, der durch die nebligen Gassen des viktorianischen London streift, unsichtbar und dennoch allgegenwärtig. Seine Identität blieb verborgen, sein Beweggrund ungeklärt, seine Spuren verwaschen in den Straßen von Whitechapel. Was aber bleibt, ist die Faszination an einem Rätsel, das scheinbar niemals gelöst werden kann und sich dennoch jeder endgültigen Wahrheit entzieht.

Das Spiel mit der Ungewissheit

Ein Grund für die andauernde Faszination des Jack-the-Ripper-Falles liegt wohl in der grundlegenden menschlichen Neigung, Geheimnisse zu entschlüsseln und verborgene Wahrheiten zu ergründen. Rätsel, vor allem solche, die mit Gewalt, Tod und Dunkelheit verbunden sind, haben seit jeher eine besondere Anziehungskraft auf die menschliche Psyche. Jack the Ripper repräsentiert in gewisser Weise das ultimative Rätsel, das, obwohl es zahlreiche Theorien und Verdächtigungen hervorgebracht hat, nie zu einem abschließenden Ergebnis geführt hat. Das ständige Spiel mit der Ungewissheit, der Wechsel von Spurensuche und Sackgassen, lässt Raum für Spekulationen und Fantasien, die immer wieder neu befeuert werden.

Jede neue Hypothese, sei es über die Identität des Mörders oder über die Motive seiner grausamen Taten, bringt das Gefühl mit sich, endlich dem Geheimnis auf die Spur gekommen zu sein. Doch in der nächsten Wende löst sich diese vermeintliche Gewissheit in der Dunkelheit auf – und genau diese Ungewissheit scheint es zu sein, die den Fall unsterblich macht. Wie ein Puzzle, dessen fehlendes Stück nie gefunden wird, bleibt der Ripper ein Mysterium, das Forscher, Schriftsteller und Filmemacher gleichermaßen in seinen Bann zieht.

Der Mörder ohne Gesicht

Ein weiteres Element der anhaltenden Faszination ist die Tatsache, dass Jack the Ripper niemals gefasst wurde. In einer

Welt, in der Verbrechen in der Regel durch die Identifizierung und Verurteilung eines Täters gelöst werden, stellt der Ripper-Fall eine Abweichung dar – ein Mord, der ohne Gesicht bleibt, ein Verbrecher, der niemals zur Rechenschaft gezogen wurde. Das Gefühl, dass der Mörder trotz der intensiven Ermittlungen der Polizei entkommen konnte, lässt die Vorstellung von einer Welt zu, in der das Böse unerkannt bleibt.

Dies verleiht dem Fall eine beklemmende Dimension. Während andere historische Verbrecher in ihren Taten gefangen bleiben und letztendlich der Justiz übergeben wurden, bleibt Jack the Ripper ein gesichtsloser Phantom, dessen wahre Gestalt sich hinter einer endlosen Anzahl von Verdächtigen verbirgt. Er ist ein Mörder, der in den Schatten bleibt, und diese Anonymität macht ihn umso beunruhigender. Sie verleiht ihm eine Art von Allgegenwärtigkeit, als könnte er in jeder dunklen Gasse lauern, als würde sein Geist durch die Zeit hindurch bestehen.

Eine Spiegelung der Gesellschaft

Jack the Ripper war nicht nur ein Mörder, sondern auch ein Spiegel der Gesellschaft seiner Zeit. Die Morde von 1888 offenbarten nicht nur die Verbrechen selbst, sondern auch die tiefen sozialen Ungleichheiten, das Elend und die Spannungen im viktorianischen London. Whitechapel, das Zentrum der Mordserie, war ein Armenviertel, das die düstere Kehrseite des industriellen Fortschritts und der glitzernden Metropole zeigte. Hier lebten Menschen, die vom Rest der Gesellschaft vergessen wurden – Prostituierte, Arbeitslose und Immigranten, die in den engen, schmutzigen Gassen um ihr Überleben kämpften.

Jack the Ripper tauchte genau in dieser Welt auf, und seine Verbrechen richteten den Fokus auf jene, die im Schatten der Gesellschaft lebten. Die Polizei, die Öffentlichkeit und die Medien waren gezwungen, sich mit einer Realität auseinanderzusetzen, die sie sonst ignoriert hätten. Die brutalen Morde entblößten das soziale Elend und zeigten eine Stadt, die tief gespalten war. In dieser Hinsicht war Jack the Ripper nicht nur ein Individuum, sondern ein Symptom für die kranken Verhältnisse der Zeit – eine dunkle Spiegelung der sozialen Zustände, die die Morde hervorbrachten.

Ein Mythos für die Ewigkeit

Die Figur des Jack the Ripper hat sich längst von den historischen Fakten gelöst und ist zu einem Mythos geworden. In Büchern, Filmen, Serien und sogar in Comics lebt der Ripper weiter, oft weniger als Mensch, sondern mehr als eine Verkörperung des Bösen und des Geheimnisvollen. Die düstere Atmosphäre des viktorianischen Londons, der Nebel, die düsteren Gassen und das unaufgeklärte Verbrechen bilden eine perfekte Kulisse für Geschichten, die über das reale Geschehen hinausgehen.

Dabei wird Jack the Ripper zu einer Figur, die für weit mehr steht als für die realen Verbrechen, die er begangen hat. Er symbolisiert das Unerklärliche, das Unheimliche und das

Dunkle, das in jeder Gesellschaft und in jedem Menschen verborgen liegt. Seine Legende hat sich von den Tatsachen gelöst und ist zu einem Sinnbild für das Böse geworden, das im Verborgenen lauert und dem wir uns nur schwer entziehen können. Der Mythos des Rippers ist so mächtig geworden, dass er weiterlebt, unabhängig davon, ob jemals die Identität des Mörders enthüllt wird oder nicht.

Faszination und Abscheu – Ein ambivalentes Erbe

Was Jack the Ripper von vielen anderen Serienmördern unterscheidet, ist die ambivalente Beziehung, die die Menschen zu seiner Figur haben. Auf der einen Seite steht die moralische Verurteilung seiner grausamen Taten – die Morde an den Frauen von Whitechapel waren abscheulich und grausam, und die Opfer verdienen Respekt und Erinnerung. Auf der anderen Seite ist es die Faszination, die aus der Ungeklärtheit des Falls und der Unfassbarkeit der Taten entspringt. Es ist eine Mischung aus Abscheu und Neugier, die diesen Fall zu einem der berühmtesten Verbrechen der Geschichte gemacht hat.

Diese ambivalente Faszination ist vielleicht das eigentliche Erbe von Jack the Ripper. Er zeigt uns, wie nah Faszination und Abscheu manchmal beieinanderliegen und wie tief das Bedürfnis des Menschen ist, das Böse zu verstehen, auch wenn es uns gleichzeitig abstößt. In diesem Spannungsfeld bewegt sich die Legende des Rippers, und genau hier wird auch deutlich, warum der Fall bis heute nichts von seiner Anziehungskraft verloren hat.

Das ungelöste Rätsel – Ein Ende ohne Lösung

Im Fall von Jack the Ripper wird es vielleicht niemals eine endgültige Aufklärung geben. Die Vielzahl an Verdächtigen, die Unzulänglichkeiten der damaligen Ermittlungen und der Mythos, der sich um die Figur gebildet hat, machen es schwer, das Verbrechen jemals mit Sicherheit zu klären. Doch vielleicht ist genau das der Grund, warum der Ripper-Fall überlebt hat: Das Fehlen einer Lösung lässt Raum für Spekulationen und Fantasien, die den Mythos am Leben erhalten.

In einer Welt, in der fast alles erklärbar und auflösbar scheint, bleibt Jack the Ripper ein Mysterium, das sich unserer Kontrolle entzieht. Und vielleicht liegt genau darin seine ewige Faszination: Er ist ein Rätsel, das uns daran erinnert, dass es in der menschlichen Geschichte immer auch Dunkelheit und Geheimnisse geben wird, die sich nicht vollständig erhellen lassen. Jack the Ripper bleibt eine dieser dunklen Schattenfiguren – für immer in den Nebeln der Vergangenheit gefangen, ein Symbol für das Unerklärliche und das Böse, das im Verborgenen lauert.

Der perfekte Mord

Eine philosophische Betrachtung im Schatten von Jack the Ripper

Der ›perfekte Mord‹ ist ein Konzept, das Kriminologen, Philosophen und Schriftsteller seit Jahrhunderten fasziniert. Es ist die Idee, dass ein Verbrechen so vollständig und so gut ausgeführt wird, dass es keinerlei Spuren hinterlässt – keine Zeugen, keine Beweise, keine Hinweise auf den Täter. Der Mörder entkommt der Gerechtigkeit und bleibt für immer anonym. Im Fall von Jack the Ripper wurde dieses Ideal auf erschreckende Weise zur Realität. Die Morde, die der unbekannte Täter im Londoner East End verübte, bleiben bis heute ungelöst und stellen ein düsteres Sinnbild für das Konzept des ›perfekten Mordes‹ dar.

Der ›perfekte Mord‹:

Realität oder Illusion?

Die Frage, ob es einen ›perfekten Mord‹ geben kann, führt direkt in eine philosophische Reflexion über die Natur des Verbrechens selbst. Kann ein Mord jemals als ›perfekt‹ betrachtet werden, wenn das Verbrechen an sich eine zutiefst menschliche Fehlbarkeit offenbart? Der Mörder mag den perfekten Plan haben, doch menschliche Emotionen – Wut, Hass, Lust oder Rache – sind niemals perfekt. Jack the Ripper, der seine Opfer mit klinischer Präzision entstellte, hinterließ nicht nur eine Spur physischer Grausamkeit, sondern auch die psychologische Botschaft eines tief verstörten Geistes.

Und doch entkam er der Justiz. Seine Taten wurden nie aufgeklärt, sein Name nie enthüllt. Bedeutet dies, dass Jack the Ripper den ›perfekten Mord‹ begangen hat? Diese Frage führt zu einem Dilemma: Ist der Mord perfekt, weil der Täter nicht gefasst wurde, oder ist er es gerade nicht, weil er Chaos und Schrecken hinterließ und die Gesellschaft für immer traumatisierte?

Jack the Ripper:

Ein Kriminelles Genie oder Ein Glücklicher Zufall?

Ein weiterer zentraler Aspekt der Frage nach dem perfekten Mord im Fall von Jack the Ripper ist, ob seine Flucht vor der Justiz ein Zeichen kriminellen Genies war oder ob er einfach vom Zufall und der Unzulänglichkeit der damaligen Polizeiarbeit profitierte. Das viktorianische London war von neuen Technologien und sozialen Umbrüchen geprägt, aber die Polizeiarbeit stand noch in den Kinderschuhen. Es gab keine DNA-Analyse, keine modernen forensischen Methoden. War Jack the Ripper ein Meister des Versteckspiels, oder war es schlicht das Ergebnis eines schwachen Justizsystems, das nicht in der Lage war, ihn zu fassen?

Die Vorstellung des ›perfekten Mordes‹ impliziert eine Art von überlegener Intelligenz und Kontrolle, aber die Realität könnte weitaus chaotischer gewesen sein. Vielleicht hatte Jack the Ripper keinen grandiosen Plan. Vielleicht war er schlicht ein Glücksritter, der durch das Versagen der Institutionen ungeschoren davonkam. Dies wirft eine zentrale Frage auf: Kann ein Mord als ›perfekt‹ betrachtet werden, wenn das Gelingen nicht auf Planung, sondern auf das Versagen anderer zurückzuführen ist?

Die Rolle des Zufalls und die Grenzen der Kontrolle

Einer der faszinierendsten Aspekte im Zusammenhang mit dem Konzept des perfekten Mordes ist die Rolle des Zufalls. Kein Täter kann jede Eventualität kontrollieren. Selbst die perfekteste Planung kann durch unvorhergesehene Ereignisse vereitelt werden. In den Morden von Jack the Ripper scheinen jedoch keine Zufälle zu existieren. Kein Zeuge konnte ihn je erkennen, keine handfesten Beweise wurden gesichert, und die Polizei war ständig im Dunkeln.

Vielleicht liegt gerade hier die Antwort auf die Frage nach dem perfekten Mord. Es war nicht die absolute Kontrolle des Täters, die ihn ungreifbar machte, sondern vielmehr eine fatale Verkettung von Zufällen und Unzulänglichkeiten des Systems, die ihn letztlich unsichtbar hielten. Jack the Ripper, so könnte man argumentieren, nutzte die chaotische Natur der viktorianischen Großstadt, um sein Werk zu vollenden. London bot ihm das perfekte Versteck — eine Metropole, die in den dunklen Gassen und im Nebel ihre Geheimnisse bewahrte.

Die Philosophische Ebene:

Perfektion in der Unvollkommenheit?

Auf einer tieferen, philosophischen Ebene stellt sich die Frage, ob der perfekte Mord überhaupt eine ›Perfektion‹ im eigentlichen Sinne darstellt. Mord ist, nach fast allen moralischen und ethischen Maßstäben, eine zutiefst imperfekte Handlung. Es zerstört Leben, ruft Chaos und Schmerz hervor und zeugt von der Zerbrechlichkeit der menschlichen Psyche. Jack the Ripper hinterließ eine Spur der Zerstörung, und doch wird er heute von vielen als ›Meister des Mordens‹ angesehen, weil er nie gefasst wurde.

Aber bedeutet das, dass er wirklich ›perfekt‹ gehandelt hat? Oder ist die Vorstellung des perfekten Mordes nur eine intellektuelle Täuschung, die sich aus dem menschlichen Bedürfnis nach Kontrolle und Verständnis speist? In der Realität gibt es keine Perfektion – weder im Verbrechen noch in der Moral. Jack the Ripper mag den Behörden entkommen sein, aber die Narben, die er hinterlassen hat, bleiben tief. Sein ›perfekter Mord‹ ist auch ein Symbol für das Versagen, für die Unfähigkeit, die tiefsten Abgründe der menschlichen Seele zu durchdringen.

Die Unfassbarkeit des Bösen

Jack the Ripper ist zum Symbol für das unfassbare Böse geworden, das nicht greifbar, nicht fassbar ist. Die Tatsache, dass er nie identifiziert wurde, verstärkt diese Symbolik. Der ›perfekte Mord‹ in seinem Fall bedeutet auch, dass das Böse ungestraft blieb, dass es keine Gerechtigkeit gab. In einer modernen Gesellschaft, die auf Recht und Ordnung basiert, ist dies eine beunruhigende Vorstellung. Jack the Ripper wurde nicht besiegt, weil er nie gefasst wurde, und dadurch bleibt seine Legende am Leben.

Die Idee des ›perfekten Mordes‹ in Bezug auf Jack the Ripper ist also nicht nur eine Frage der kriminalistischen Analyse, sondern auch eine tiefere Reflexion über das, was wir als Gesellschaft als ›perfekt‹ wahrnehmen. In seinem Fall bedeutet Perfektion nicht nur das ungesühnte Verbrechen, sondern auch die Tatsache, dass er für immer ein Rätsel bleibt. In einer Welt, die von Ordnung und Gerechtigkeit besessen ist, ist der perfekte Mord eine unerträgliche Realität – er zeigt die Grenzen unserer Fähigkeit, das Böse zu verstehen und zu kontrollieren.

Der Mord als Philosophische Reflexion

Jack the Ripper hinterließ keine einfachen Antworten, sondern komplexe Fragen. Sein Erbe ist nicht nur das des Serienmörders, sondern auch das einer Figur, die uns zwingt, über das Konzept des perfekten Verbrechens nachzudenken. Kann es Perfektion in einer so zutiefst menschlichen Fehlbarkeit wie dem Mord geben? Oder ist der perfekte Mord eine Illusion, die uns mehr über unsere eigenen Ängste und Unzulänglichkeiten verrät als über den Täter selbst?

Das Nachdenken über den perfekten Mord führt uns zu einer düsteren Erkenntnis: Vielleicht ist der Mord nie perfekt, weil er die Unvollkommenheiten der menschlichen Existenz offenbart. Jack the Ripper hat uns dies in brutalster Weise gezeigt – er ist nicht nur ein Mörder, sondern eine philosophische Herausforderung, die bis heute nachhallt.

Über den Autor

Lutz Spilker wurde im Jahre 1955 in Duisburg geboren.

Bevor er zum Schreiben von Romanen und Dokumentationen fand, verließen bisher unzählige Kurzgeschichten, Kolumnen und Versdichtungen seine Feder.

In seinen Büchern befasst er sich vorrangig mit dem menschlichen Bewusstsein und der damit verbundenen Wahrnehmung. Seine Grenzen sind nicht die, welche mit der Endlichkeit des Denkens, des Handelns und des Lebens begrenzt werden, sondern jene, die der empirischen Denkform noch nicht unterliegen.

Es sind die Möglichkeiten des Machbaren, die Dinge, welche sich allein in der Vorstellung eines jeden Menschen darstellen und aufgrund der Flüchtigkeit des Geistes unbewiesen bleiben. Die Erkenntnis besitzt ihre Gültigkeit lediglich bis zur Erlangung einer neuen und die passiert zu jeder weiteren Sekunde.

Die Welt von Lutz Spilker beginnt dort, wo zu Beginn allen Seins nichts Fassbares war, als leerer Raum. Kein Vorne, kein Hinten, kein Oben und kein Unten. Kein Glaube, kein Wissen, keine Moral, keine Gesetze und keine Grenzen. Nichts.

In Lutz Spilkers Romanen passieren heimtückische Morde ebenso wie die Zauber eines Märchens. Seine Bücher sind oftmals Thriller, Krimi, Abenteuer, Science Fiction, Fantasy und selbst Love-Story in einem.

»Ich liebe die Sprache: Sie vermag zu streicheln, zu liebkosen und zu Tränen zu rühren. Doch sie kann ebenso stachelig sein, wie der Dorn einer Rose und mit nur einem Hieb zerschmettern.«

In dieser Reihe sind bisher erschienen

Die Erfindung der Langeweile
Die Erfindung des Menschen
Die Erfindung des Geldes
Die Erfindung des Teufels
Die Erfindung des Erfolgs
Die Erfindung der Sterblichkeit
Die Erfindung der Lüge
Die Erfindung der Freiheit
Die Erfindung des Todes
Die Erfindung der Welt
Die Erfindung des Inselmenschen
Die Erfindung der Zeit
Die Erfindung der Seele
Die Erfindung der Politik
Die Erfindung des Gewissens
Die Erfindung der Religion
Die Erfindung der Schuld
Die Erfindung der Gerechtigkeit
Die Erfindung des Friedens
Die Erfindung des Selbstgesprächs
Die Erfindung der Zukunft
Die Erfindung der Pornographie
Die Erfindung der Verschwendung
Die Erfindung des Erwachsenseins
Die Erfindung der Hölle
Die Erfindung der Überbevölkerung
Die Erfindung des Himmels
Die Erfindung der Monarchie
Die Erfindung der Unterhaltung
Die Erfindung der Sprache
Die Erfindung der Musik
Die Erfindung der Wiedergeburt

Die Erfindung des Zufalls
Die Erfindung der Namen
Die Erfindung des Bewusstseins
Die Erfindung des freien Willens
Die Erfindung des Wahrsagens
Die Erfindung der Körpersprache
Die Erfindung des Schlafs
Die Erfindung der Sklaverei
Die Erfindung der Angst
Die Erfindung der reinen Vernunft
Die Erfindung des Vollmonds
Die Erfindung des Vitamin B
Die Erfindung des Make-Up
Die Erfindung des Weihnachtsfestes
Die Erfindung des Ku-Klux-Klan
Die Erfindung des Träumens
Die Erfindung der Flaschenpost
Die Erfindung der Mafia
Die Erfindung der Freimaurer
Die Erfindung der Freibeuter
Die Erfindung der Raumfahrt
Die Erfindung der Tempelritter
Die Erfindung des ADHS-Syndroms
Die Erfindung der Homöopathie
Die Erfindung der Freizeitparks
Die Erfindung des Jenseits
Die Erfindung der Bibel
Die Erfindung der Medien
Die Erfindung der Pyramiden
Die Erfindung des Astralkörpers
Die Erfindung des Werwolfs
Die Erfindung der Schwüre und Eide
Die Erfindung der Hexen
Die Erfindung der Weltreisen
Die Erfindung des Zölibats
Die Erfindung des Herkules
Die Erfindung der Sintflut

Die Erfindung des westlichen Weltbildes
Die Erfindung des Vampirs
Die Erfindung der Philosophie
Die Erfindung des Bieres
Die Erfindung des Ungeheuers von Loch Ness
Die Erfindung der Prä-Astronautik
Die Erfindung des Voodoo
Die Erfindung des Stierkampfs
Die Erfindung des Sinns des Lebens
Die Erfindung des Einhorns
Die Erfindung der Zeugen Jehovas
Die Erfindung von Atlantis
Die Erfindung der Geister
Die Erfindung des Gähnens
Die Erfindung der politischen Parteien
Die Erfindung der Bundeslade
Die Erfindung der Atombombe
Die Erfindung der Lernlandschaft
Die Erfindung des Multitasking
Die Erfindung des Besserwissers
Die Erfindung des Humors
Die Erfindung von All you can eat
Die Erfindung von Facebook
Die Erfindung von YouTube
Die Erfindung von TikTok
Die Erfindung von Jack the Ripper

Zeitfracht Medien GmbH
Ferdinand-Jühlke-Straße 7
99095 Erfurt, Deutschland
produktsicherheit@kolibri360.de